Autant de plaisir
à lire le livre
que de me the en
gratifie ta lecture
Paul

LA CRÉATIVITÉ...
À L'ORDRE DU JOUR

Louise Courteau, éditrice inc.
481, chemin du Lac-Saint-Louis Est
Saint-Zénon (Québec) Canada
J0K 3N0

Graphisme : Fabienne Goeders

Dépôt légal : dernier trimestre 1993
Bibliothèque nationale du Québec
Bibliothèque nationale du Canada

ISBN 2-89239-165-2

Paul Cusson

LA CRÉATIVITÉ...
À L'ORDRE DU JOUR

ÉDITRICE

À Constance et à Élie, mes parents;
à mes deux rayons de soleil,
Marie-Catherine et Geneviève.

Un merci particulier
à Christiane Lavallée pour son aide,
sa compréhension et sa patience
pendant toute cette période d'écriture.

Un merci supplémentaire
à Fabienne Goeders pour son aide
professionnelle et son amitié.

TABLE DES MATIÈRES

• ALLÉGORIE DE LA CAVERNE •

Un groupe d'hommes et de femmes vit dans une demeure souterraine; ils sont là depuis leur enfance, enchaînés les uns aux autres par les pieds, par les mains et par le cou. Ils ne peuvent bouger, ni remuer de la tête.

Les parois de la caverne sont étroites et les prisonniers sont gardés alignés sur l'une d'elles en rang d'oignon. Le plancher est humide. Le plafond, élevé, laisse passer, par un mince orifice, un fil de lumière qui, ténu, se réfléchit juste derrière une sorte d'écran blanc, mi-translucide, qui sépare les prisonniers de la paroi d'en face.

Devant eux surgissent des ombres. «On dirait un bol» avance l'un, «Non, une tête de gardien» renchérit l'autre... Et le jeu continue, absorbant parmi tous, le continuum de la vie quotidienne. Depuis que les prisonniers sont prisonniers et que la caverne est caverne, personne ne s'était évadé, ou même n'avait songé à le faire.

Mais voilà que les liens se rompent et que l'un des prisonniers parvient à tromper la vigilance des geôliers et à s'échapper. Il lui fallut deux jours entiers pour adapter sa vision à la clarté du jour, pour affronter les rayons du soleil, suivre du regard le vol des oiseaux et la chasse du chat; deux autres journées consacrées à sentir et à toucher l'arbre, l'écorce, la terre puis, l'arbre encore. Deux autres avant de vaincre la peur de disparaître à jamais en trempant ses pieds dans l'eau.

1

Tremblant de bonheur, il prit la résolution, en cette septième journée, de partager avec ses pairs le nouveau savoir. Le vol du corbeau le conduisit à l'entrée du passage menant à la caverne des prisonniers.

Avec force détails et beaucoup d'émotion dans la voix, il raconta le son du sable, les cheveux de la bergère et le sabot du cheval. Malheureusement pour lui, personne ne voulut l'entendre et on le prit pour un transfuge. Tous pensèrent qu'une ombre (sic) lui était sûrement tombée sur la tête et qu'il n'avait pas à imposer aux autres sa façon de percevoir la réalité. Sinon...

Il se tut sachant fort bien qu'en insistant davantage, sa vie serait en péril. (Texte inspiré de l'allégorie de la caverne de PLATON, *La République* VII.)

Besoin d'aimer et d'être aimé, l'attirance, le malaise, la réciprocité, le coup de foudre, l'union, la naissance. Je suis, je sens, j'intuitionne, le monde extérieur, l'univers, l'environnement tels que je les perçois et avec lesquels je dois composer. Un projet, un objectif de vie, une voie à suivre, la conscience collective, s'élancer dans le vide, la peur et l'incertitude, chercher, déployer ses antennes, l'extase, l' «eurêka!» de la découverte. La paternité d'une idée, d'un concept. L'enfant qui naît de l'union des corps et des esprits, autre, indépendant et mortel : cycle normal de la vie et... du processus de créativité qui se résume en ces quatre moments :

Interrogation-incubation-illumination-expérimentation.

La plupart du temps, l'interrogation est à l'origine du processus. Il n'en reste pas moins que le cycle n'est pas linéaire et qu'il est possible d'observer, à la suite de la phase de l'incubation par exemple, le retour au questionnement ou le passage direct à l'expérimentation. Toutes les combinaisons dans le temps et l'espace sont donc permises entre : 1) la problématique de départ, c'est-à-dire le besoin; 2) l'incubation, consciente ou inconsciente – période d'attente, d'ouverture et d'écoute; 3) l'illumination, l'idéation, la recherche et; 4) l'expérimentation, la mise en œuvre.

• PROCESSUS DE LA CRÉATIVITÉ •

Le processus de la créativité, contrairement au schéma conventionnel de la recherche, s'apparente davantage à un cheminement circulaire plutôt que linéaire, comme l'Histoire.

Un processus, certes, mais qui suit un cheminement intemporel, impromptu, inconsistant, incongru, incompréhensible, irrégulier, indéchiffrable, invisible, inconstant, indivisible, ainsi (!) qu'immature, immatériel, imprévisible et immangeable.

Tout en admettant la pertinence du schéma, j'estime que le processus de la créativité emprunte également des voies en dehors de la logique, du mental, des voies que l'on qualifie, faute d'expertise, d'irrationnelles ; de l'horizontale à la verticale.

Comment expliquer le phénomène des inventions simultanées, c'est-à-dire celles qui se manifestent en même temps, ou presque, dans un siècle donné et qui sont revendiquées (simultanément) qui d'un Britannique, d'un Français ou d'un Américain ? Comment expliquer que le mur de Berlin, la libération des peuples soviétiques, la Pérestroïka, le déclin de l'empire américain... se produisent, issus du peuple et presque sans violence, au même moment dans l'histoire ?

L'hypothèse qui rejoint ces phénomènes ne consisterait-elle pas à percevoir l'évolution, le développement de la conscience humaine comme étant en relation directe avec les lois de la nature, celles qui régissent l'Univers ?

L'année 1950, fin de l'ère des Poissons : l'ère de l'imprimé, de la mécanisation, de la division des tâches, de la super-spécialisation; ère qui sépare la logique de l'homme de son intuition et divise les deux hémisphères cérébraux en privilégiant le gauche. Ère de la linéarité qui s'acheva dans la poussière des retombées atomiques d'Hiroshima!

L'année 1991, début de l'ère du Verseau, ascendant Lion. À l'opposé, au signe du Lion, ascendant Verseau, les Atlantes, civilisation perdue dans le déluge de l'égocentrisme, à qui on concède la maîtrise du nucléaire et des pouvoirs parapsychologiques.

La philosophie dominante de la société actuelle est basée sur celle de l'avoir : avoir une maison, une belle auto, une belle profession, une belle femme, avoir plus d'argent...

Il est utile de se rappeler qu'à l'origine (américaine), le *Brainstorming* et la méthode de Synectique ont vite

4

été implantés dans une perspective utilitaire, foncièrement mercantile (marketing, recherche de nouveaux produits, publicité, etc.), à l'image des découvertes de l'ère des Poissons. Nous savons tous que la philosophie de l'avoir implique l'exploitation honteuse des ressources énergétique et humaines au point que la planète toute entière risque d'éclater. Au contraire, la philosophie de l'être représente l'expérience fondamentale d'être vivant, conscient, en relation avec l'Univers. La voie de l'avoir conduit irrémédiablement au non-avoir comme la voie de l'être, à sa réalisation.

La Tradition ne nous apprend-elle pas que l'humanité, comme l'individu, est soumise aux lois de la nature et que le corps physique ne représente qu'une étape, qu'un échelon dans la poursuite de l'accomplissement personnel?

Développer sa créativité, c'est apprendre à changer; il n'y a pas d'autres voies. Si j'invente un nouveau produit et qu'il n'y a pas un changement important de ma personne, l'invention se situe à un niveau primaire et risque même de polluer l'environnement. En tant que professeur, j'évaluerai ma contribution dans la mesure où ce que j'enseigne développe une plus grande conscience, apporte une aide à l'évolution de l'individu, un changement d'importance qui s'adresse à lui particulièrement.

Parler de créativité dans cette perspective risque d'apeurer sinon d'éloigner celui qui conçoit la vie de tous les jours comme devant s'engager dans l'éternel dilemme de ‹gagner plus d'argent› pour atteindre le mieux-être ou de restreindre au minimum, faute de mieux, ses besoins. Faux problème, s'il en est un, puisque le développement de l'être ne suit ni le courant de l'ascétisme ni celui de l'accumulation des biens matériels.

• CONSULTATION, MÉDITATION, ÉVEIL DE LA CONSCIENCE •

Si je pars du principe que la plus petite partie de l'être est énergie pure en constante interrelation avec l'énergie cosmique, la méditation qui est une voie (parmi d'autres) de consultation intérieure transformera l'être que je suis. Cette forme de consultation intérieure constitue l'apport, le chaînon manquant parmi toutes les approches existantes de créativité axées sur la résolution de problèmes.

En consultation avec le gestionnaire qui se préoccupe de développer la créativité de ses membres, mon premier réflexe, à l'image du principe de la consultation intérieure, sera d'inventorier les mécanismes de concertation qui existent dans son entreprise. Car s'il est vrai qu'il importe de cultiver l'innovation, quels sont les mécanismes en place qui posent les questions et ramassent les idées? Autrement dit, s'il importe de savoir ce que l'autre pense, lui avons-nous posé la question et si oui, comment? Dans un même ordre d'idée, le développement de la créativité individuelle, sans le recours à la consultation intérieure, équivaut à une pratique partielle parce que limitée au monde extérieur.

Avant de faire connaissance avec les méthodes et les mécanismes propres à développer la créativité, j'estime de prime importance de se recueillir, de s'interroger dans l'intimité du moi intérieur. Les *qui suis-je ?, quelle est ma*

6

destinée?, quelle est ma raison d'être?, qu'est-ce que je désire? correspondent à autant de questions fondamentales à poser avant de se perdre pour toujours dans le brouhaha de la vie quotidienne (sinon des techniques de créativité!).

En guise d'introduction, j'invite donc le lecteur à tenter l'expérience du moi intérieur sollicité directement, simplement, à partir d'une focalisation spirituelle alimentée par des processus millénaires simples tels, la visualisation, la méditation, le nettoyage de chakras, etc. La pensée dans toute son incrédulité peut bien s'interroger, à juste titre, sur la pertinence d'une pratique spirituelle dans le développement de la créativité. Il ne s'agit toutefois que d'un constat dont l'évidence ne fait aucun doute : je pars du principe que la plus petite partie de mon être est composée de particules d'atomes et que ces derniers, comme les scientifiques l'ont récemment découvert, sont énergie pure. Je ne me limite plus à la définition de mon corps physique, je suis *aussi, autre* et *plus* que le physique, je suis également, foncièrement énergie pure. Énergie pure en relation directe et constante avec l'Énergie du cosmos. Dans cette perspective, le développement de la créativité, chez l'humain, repose sur l'exploitation de toutes ses ressources, autant physiques que mentales, autant spirituelles que matérielles. Le problème se pose lorsque nous désirons mettre en pratique, consciemment et systématiquement, toutes ces ressources. Comment faire ? Je propose une conscientisation et une réflexion de nature spirituelle intuitionnant les liens de la créativité avec le développement de la conscience. L'hypothèse sous-jacente à cette réflexion : la personne créatrice sait.

Pour la plupart, la méditation ne fait pas partie du quotidien. Et comme pour tout ce qui est étranger à une pratique courante, un certain nombre de préjugés surgissent lorsqu'on fait référence à la méditation. On croit à tort qu'elle nécessite un entraînement prolongé et coûteux que seuls les gourous peuvent dispenser et qu'il faille automatiquement adhérer à un quelconque mouvement «éso marginalisé» pour y avoir accès.

Au contraire, la méditation est une technique simple en soi et à la portée de tous. Par contre, il ne faut pas s'attendre, comme pour toute forme d'activité physique, à des résultats miraculeux lors des premiers essais. D'où la première difficulté rencontrée, celle alimentée par un mental incrédule, en attente de résultats concrets, sinon extraordinaires, et surtout non disposé à partager son pouvoir dominateur. Car pourquoi le ferait-il? Certes, le processus peut paraître long et les résultats peuvent se faire attendre; mais ce dernier repose, avant toute chose, sur l'état d'esprit, sur le degré de disponibilité de l'individu.

Il est possible également de se décourager du fait d'éprouver une certaine difficulté à centrer l'esprit trop souvent bavard et frivole. Ou encore, s'attendre à des manifestations concrètes qui prouveraient l'existence d'une quelconque présence. L'inconnu peut également faire peur. Tous ces phénomènes sont courants; ils s'estompent graduellement quand on se documente sur le sujet, en discutant avec d'autres personnes qui s'engagent dans le même cheminement (d'où le bien-fondé des groupes de formation), et en participant à des cours ou à des conférences qui aident à cheminer. Mais par-dessus tout, il importe de s'accorder une chance, de persévérer et de considérer que l'écoute de la voix intérieure ne fait que s'éveiller... nous qui lui avons fait sourde oreille depuis la naissance...

L'intuition est cette voix intérieure, celle qui jaillit de nulle part, qui oriente parce qu'elle sait. Le mental raisonnant, la philosophie de l'avoir empêchent d'y avoir accès. L'éveil de la conscience s'opère par une multitude de voies qui, pour certains, prennent la forme de l'approche du toucher thérapeutique, du yoga, du zen, de la méditation, de la visualisation, etc. Chacun a la responsabilité de trouver la sienne, c'est-à-dire celle avec laquelle il se sent à l'aise et qui correspond le mieux à ses besoins.

Une fois engagé dans sa voie, il suffit de la mettre en pratique dans le quotidien. Ce dernier point est important car aussitôt que la conscience s'éveille, le travail à entreprendre ne peut l'être à temps partiel, ni détaché d'un engagement de tous les jours.

Habituée de vivre dans un monde égocentrique et physique, la conscience est limitée à la philosophie d'un moi qui ne dépasse pas l'aspect animal de notre entité. Détachés des anciennes civilisations, nous avons oublié les messages que la Tradition nous a légués : que le développement de l'humanité et de l'individu s'opère dans un éveil de la conscience en relation avec l'Univers et qui s'actualise dans un septenaire commun aux plus anciennes civilisations de l'Occident et de l'Orient.

• EXERCICES DE RELAXATION, D'OUVERTURE DE CHAKRAS ET DE MÉDITATION •

Les quatre premières étapes du septenaire se rattachent à l'aspect physique et mortel : règnes minéral, végétal, animal et humain. Les trois autres relèvent de l'aspect immatériel (ou spirituel) et sont composées de l'intelligence, de l'intuition et de la divinité.

L'Univers est énergie pure, plus dense lorsqu'en relation avec la matière, plus subtile lorsqu'en relation avec la pensée. Le corps physique est entouré de champs énergétiques émanants de l'énergie cosmique. L'aura est ce corps lumineux qui, connecté avec le corps physique, émet des vibrations.

L'aura compte généralement sept corps vibratoires successifs qui s'interpénètrent; chaque corps qui entoure le précédent est plus subtil et représente une prise de conscience plus évoluée.

La connexion avec le corps physique s'opère par les chakras, sorte de centres énergétiques par où sont captées les ondes vibratoires des différentes couches de l'aura. On compte sept chakras majeurs situés aux endroits suivants :

1) entre le sexe et le rectum (kundalini)
2) deux pouces en bas du nombril (sacral)
3) au niveau du plexus solaire
4) entre les deux seins (cœur)
5) au niveau de la gorge
6) entre les deux yeux (3e œil)
7) au-dessus de la tête (lotus)

À l'exception du premier et du septième chakra, les chakras 2 à 6 situés à l'avant du corps physique sont jumelés à leur contrepartie à l'arrière.

Chaque couche de l'aura est associée avec un chakra particulier. Par exemple, la première couche de l'aura et le premier chakra sont rattachés au plan physique; les deuxièmes, au plan des émotions; les troisièmes, au plan de la pensée linéaire; les quatrièmes, à l'amour humanitaire; les cinquièmes, à la volonté rattachée à la volonté divine; les sixièmes, à l'amour divin; finalement les septièmes, à la pensée Supérieure. Le lecteur comprendra à ce stade, le pourquoi des informations relatives aux diverses couches de l'aura et des chakras. Car dans la pratique méditative, le nettoyage des chakras facilite leur ouverture et par conséquent l'accès aux différentes couches de l'aura.

Il est recommandé de procéder par un exercice de détente avant de commencer à méditer; histoire d'être plus disponible et d'atteindre plus facilement le niveau alpha, zone de fonctionnement où les ondes cérébrales se ralentissent alors que le corps physique et mental est bien relaxé. Le niveau de fonctionnement du corps physique, à l'état actif, de veille ou de conscience, est appelé quant à lui, le niveau bêta.

• EXERCICE DE RELAXATION •

Asseyez-vous sur une chaise, le dos droit, la tête légèrement penchée vers l'avant, les bras longeant le corps, les mains déposées sur les genoux.

Prenez deux ou trois profondes respirations, fermez les yeux.

Suivez mentalement le cheminement suivant :

•Je détends mes orteils, mes orteils se détendent; je détends mes chevilles... mes mollets. Je détends mes jambes, je détends mes genoux... mes cuisses... mes fesses. Je détends mon dos... mon ventre... mes doigts... mes mains... mes mains se détendent.

Je continue de respirer profondément et librement.

Je détends mes poignets. Je détends mes bras... mes coudes... mes épaules... ma nuque... mon cou... ; je détends ma mâchoire... mes joues... mon nez... mes yeux... mon front... mes cheveux. Je détends toute ma personne et toute ma personne se détend.•

Il est recommandé de joindre à l'exercice de relaxation, celui du nettoyage et de l'ouverture des chakras. (Les chakras sont des points énergétiques qui, situés dans le corps physique, captent l'énergie cosmique.)

• EXERCICE D'OUVERTURE ET DE NETTOYAGE DES CHAKRAS* •

Prenez deux ou trois bonnes respirations. Fermez les yeux.

Imaginez votre tête nimbée d'un halo de lumière dorée. Concentrez-vous sur cette lumière et sentez-la sur le dessus de votre tête. Laissez l'énergie qui en découle nettoyer et libérer votre chakra du dessus de la tête.

Cette lumière dorée tisse un fil jusqu'à atteindre le 3e œil situé entre les deux yeux. La lumière s'appuie sur lui, l'enveloppe complètement, le nettoie et lui procure une ouverture encore plus grande.

Concentrez-vous sur votre respiration; en inspirant, laissez l'énergie cosmique vous envahir; en expirant, débarrassez-vous de vos pensées négatives, de vos mauvaises émotions.

La lumière dorée tisse à nouveau un fil qui se dirige maintenant vers votre gorge; vous sentez la chaleur de son énergie envelopper votre gorge, prendre de l'expansion, nettoyer la région et ouvrir le chakra. Attardez-vous deux secondes sur les bienfaits de cette chaleur réconfortante.

La lumière dorée continue de tisser son fil et se dirige maintenant vers le chakra du cœur situé entre les deux seins. La lumière s'intensifie; sentez sa présence, son

---

* Inspiré de Shakti Gawain dans *La visualisation créatrice* (Cf. bibliographie).

travail d'ouverture et de nettoyage du chakra. Gardez conscience de votre respiration, de l'air qui entre dès le début et qui se propage graduellement aux poumons jusqu'à nourrir toutes les cellules de votre corps.

Le fil doré s'étend deux pouces en bas du chakra du cœur pour s'arrêter au plexus solaire en intensifiant ses rayons dorés, en nettoyant et en ouvrant le chakra du plexus solaire.

Prenez une bonne respiration. La lumière dorée continue sa route en allongeant son fil jusqu'à la région du nombril et en prenant une pause deux pouces en-dessous de celui-ci. Sentez le travail d'ouverture et de nettoyage du chakra.

Maintenant le fil se dirige jusqu'au chakra du pôle sexuel; sentez sa présence et l'énergie qui s'en dégage lorsque la lumière dorée s'accentue pour l'ouverture et le nettoyage du chakra.

Le fil remonte et s'arrête au bas du dos; automatiquement la lumière pénètre cette partie qui correspond au chakra complémentaire du devant du corps situé deux pouces en bas du nombril.

Continuez l'ascension du fil doré qui s'arrêtera à chaque chakra complémentaire du devant du corps et ce, jusqu'à rejoindre le chakra situé au-dessus de la tête.

Une fois que vous avez complété tout le circuit des chakras majeurs, visualisez la lumière qui se dégage de chacun de vos chakras.

Imaginez aussi le flot d'énergie qui passe devant le corps physique, d'un chakra à l'autre, en commençant par le chakra au-dessus de votre tête et en terminant par lui.

• EXERCICE DE VISUALISATION CRÉATRICE* •

Prenez partie, positionnez-vous, affirmez-vous. Proclamez votre soif de vivre, laissez libre cours à l'intuition, proclamez son indépendance, quintuplez ses forces, armez-vous d'un potentiel énergétique à l'épreuve de tous les obstacles; criez, demandez, si nécessaire, de l'aide à plus fort que vous; vainquez la solitude de votre mental. Ayez confiance en vous, aux autres, ouvrez-vous.

Lisez à haute voix les affirmations suivantes :

•Je suis bien dans ma peau, je me sens grandir en sagesse et en grâce et ce, à chaque instant de ma vie.

Je dispose de toutes les ressources nécessaires à mon plein épanouissement.

Je m'aime et je m'accepte tel que je suis.

Je sens en moi un soleil qui irradie mon corps, mon esprit et qui me procure la joie de vivre.

---

* Inspiré de Shakti Gawain dans *La visualisation créatrice* (Cf. bibliographie).

Je suis moi-même un soleil qui répand généreusement ses rayons.

J'apprends tous les jours à aimer, à donner, à me rapprocher des autres.

J'apprends tous les jours à recevoir et à dire merci.

Je fais partie de l'Univers et celui-ci est une source d'abondance pour tous.

Je connais ma destinée et j'ai la ferme intention de diriger mes actes et mes pensées en concordance avec elle.

J'ai un travail passionnant, rémunérateur, je connais du succès dans tous mes projets, tout me réussit facilement.

Je connais une vie amoureuse fantastique.

Je suis en relation constante avec les forces de l'Univers qui me conseillent et me guident dans la bonne voie.»

• EXERCICE DE MÉDITATION •

Asseyez-vous, le dos droit, la tête légèrement penchée vers l'avant, les mains reposant sur les cuisses. Prenez deux ou trois bonnes respirations en sentant l'énergie cosmique envahir le corps physique. Fermez les yeux.

Concentrez-vous sur un mantra répété à haute voix ou silencieusement, comme bon vous semble. Il s'agit d'être à l'aise autant avec le mantra choisi qu'avec la forme d'expression qui l'accompagne. Le mantra utilisé peut être un son, un mot, une musique ou une image. Exemple de mantra :

a-u-m...

À la suite de l'exercice de relaxation ou d'ouverture des chakras, répétez le même mantra pendant 4 à 5 minutes. La durée varie d'un individu à l'autre; il est préférable au début, de commencer tranquillement et d'augmenter graduellement le temps de la méditation. Aussi simple que cela!

Marié depuis 25 ans, le mari décide de préparer le petit déjeuner de madame :

«Chérie, tu le prends comment ton café ?» lui demande-t-il...

Aux gestionnaires qui s'interrogent sur les meilleures façons de développer la créativité dans l'entreprise, je leur offre la réflexion suivante : «Si vous désirez savoir ce que pensent les autres, posez-leur la question!»

• ORGANIGRAMME DE L'ENTREPRISE •

L'organigramme de l'entreprise représente les dimensions importantes de la boîte, aspects fonctionnels et opératoires de l'organisation. L'organigramme correspond à une structure de fonctionnement où chaque groupe, chaque individu, prend place dans un système de communication défini à l'avance. Il serait plus juste de taxer ces différents réseaux de communication comme étant représentatifs des différents paliers de responsabilisation et de la prise de décisions. La plupart du temps, la structure est pyramidale et les faisceaux de communication sont unidirectionnels, c'est-à-dire dirigés du haut vers le bas. L'organigramme ne précise pas comment les relations d'un secteur à l'autre s'établissent si ce n'est par une filiation de dépendance; liens d'autorité. Ces considérations sont valables autant pour l'entreprise privée que pour les institutions gouvernementales. En corollaires, viennent la spécialisation, la division du

19

travail, la répartition des tâches typiques de la mécanisation, la ligne de montage, l'ère des Poissons et *Les Temps modernes* de Charlie Chaplin!

Ce mode de fonctionnement est efficace; il est d'autant plus efficient qu'il exerce un contrôle psychologique auprès des individus et des groupes. Essayez de transgresser les règles en vous intéressant à un problème qui n'est pas de votre juridiction! La réponse ne tardera pas à se manifester: «Mêlez-vous de ce qui vous regarde!»

«Pourquoi changerions-nous nos méthodes? Jusqu'à ce jour, elles ont bien fonctionné et prouvé leur efficacité», rationalisent les gestionnaires, tenants du *statu quo*. Tant et aussi longtemps que l'entreprise réalise des profits ou que le bon peuple travaille pour son mieux-être, le système doit être préservé, à tout prix! Mais voilà qu'à l'aube de l'an 2000, tout s'écroule tel un château de cartes: l'empire des profits comme celui du mental possessif. Edgar Cayce n'a-t-il pas prédit que le souffle nouveau de la démocratie viendrait du peuple soviétique? En lisant cette prédiction, j'étais loin de me douter, il y a dix ans, de tous les chambardements sociopolitiques qui affectent, à l'heure actuelle, et la planète toute entière et chaque individu en tant que personne.

Le souffle nouveau est celui d'une prise de conscience spontanée, individualisée et mondialisante. Qu'un peuple opprimé descende spontanément dans la rue, qu'un autre brise le mur de Berlin, qu'un autre clame son indépendance, vis-à-vis des autorités soviétiques, en démembrant la plus grande force militaire au monde... voilà autant de manifestations, d'événements-chocs significatifs de l'ère du Verseau qui s'installe... qu'on le veuille ou non. Certes, ces manifestations peuvent être stoppées momentanément en guise de résistance au changement : la guerre du Golfe, la répression en Chine en témoignent. Par contre, il devient de plus en plus difficile de faire l'autruche étant donné qu'il devient de plus en plus périlleux de s'exposer au soleil, de faire l'amour, de boire l'eau des cours d'eau et de pêcher le peu de poissons qu'il nous reste... sans parler du danger de les consommer.

Devant tous ces événements, serait-il présomptueux de croire que nous assistons présentement à la plus grande révolution jamais produite sur la terre depuis des millénaires?

Il existe une drôle de relation entre l'homme et la technologie.

Depuis l'apparition du feu et de la roue, l'homme s'est sédentarisé. Avec l'imprimé et la révolution industrielle, il s'est robotisé et a calqué son milieu social selon les préceptes de l'entreprise. Mais voilà que les systèmes de communication se raffinent et permettent à l'humanité, par la télévision, l'avion et les satellites, de mieux communiquer; village global de McLuhan et lueurs d'espoir. Qui vient en premier, la poule ou l'œuf, le médium ou le contenu, l'hérédité ou le milieu environnant? *Who cares!* L'un n'influencerait-il pas l'autre? Allons! Hémisphère gauche d'un bord, hémisphère droit de l'autre, il est vrai, mais tous deux ne demeurent-ils pas en relation constante?

Le cerveau, l'informatique, le nucléaire, les ordinateurs, les voyages interplanétaires, l'intelligence artificielle, la créativité, la conscientisation, l'intuition... voilà où nous en sommes, ou presque. Vers quoi se dirige-t-on? La découverte de nouvelles planètes et de peuples qui les habitent, l'amour de soi et du prochain, les découvertes des facultés parapsychologiques, l'intelligence, la spiritualité et peut-être en ce prochain millénaire, la divinité...

Le scénario peut paraître simpliste et farfelu, j'en conviens. Mais qui, à part quelques illuminés, aurait prédit, il y a un siècle, que l'homme réaliserait ses fantasmes d'extension de sa motricité, de sa voix et de tous ses sens, incluant le cerveau? Qu'est-ce qui nous empêche, en ce moment-ci, de prédire mais à des niveaux supérieurs, l'évolution de l'humanité; celle qui orienterait, par exemple, l'innovation technologique au service d'une plus grande conscientisation de l'homme et de ses facultés énergétiques plutôt que dans le sens restreint de ses besoins physiques et matériels? La prédiction est d'autant plus aisée dans la mesure que l'on observe tous les bouleversements socio-politiques mondiaux actuels ainsi que les soubresauts inquiétants d'une planète en mal d'air frais pour respirer.

Il s'agit de la planète Terre, ne l'oublions pas!

«Madame,

Je suis un *self-made man* des années 50, j'ai de la gueule, un sens des affaires développé, un goût du risque, de bonnes idées et le désir de réussir. J'investis du temps et de l'argent dans ma compagnie et celle-ci se développe très rapidement. Plus la compagnie prend de l'ampleur plus je m'entoure d'individus compétents et spécialisés à qui je délègue une partie de mes responsabilités : la comptabilité, le service du personnel, le service à la clientèle, la publicité, les achats... Tout fonctionne bien mais voilà que ma société périclite, que la concurrence se pointe et qu'il me semble impossible de relever le défi d'être à l'avant-garde, à la fine pointe de l'innovation...

J'ai la responsabilité de nourrir plusieurs bouches tout en ayant l'impression de faire de l'embonpoint et de n'avoir comme unique responsabilité, celle de surveiller mon poids. Mon régime alimentaire, c'est mon organigramme! Que faire?»

Signé : *Un qui s'ennuie avec ses brosses à dents.*

Réponse de la courriériste :

«Monsieur *b.d.*, je vous soupçonne d'être le mari qui ne sait pas encore (depuis le temps!) comment sa tendre moitié prépare son café.

Monsieur a appris à décider, non à consulter.»

L'évaluation annuelle du prix à payer pour ce mode de fonctionnement? Une entreprise qui compte 2 000 travailleurs devrait avoir comme salaires à verser (incluant les cadres) approximativement 60 000 000 $ (2 000 x 30 000 $).

Considérant le temps (un an) et les salaires versés, l'entreprise aura engendré combien d'idées nouvelles?

Peut-être 10, 20 ou 50 provenant, naturellement, de l'autorité en place?

À ce compte, j'espère que chaque idée vaut réellement son prix sinon votre tasse de café risque de coûter très cher!

Pour palier à cette lacune, il faudrait modeler l'entreprise à la manière d'un laboratoire de recherches axé sur l'innovation. À ma connaissance, très peu d'entreprises, au Québec, ont songé à formuler l'hypothèse de la créativité comme modèle à suivre, encore moins à en relever systématiquement le défi.

• OPTION CRÉATIVITÉ •

Utopie, fantaisie, affirmations gratuites? Je ne le crois pas : il suffit de s'informer ailleurs et de constater les embryons de modèles mis en place notamment par les Japonais, les Américains, les Européens... Utopie, fantaisie, affirmations gratuites?... posons-nous véritablement la question!

L'option créativité engendre le dilemme que voici : doit-on prioritairement former quelques individus qui, rompus aux différentes techniques, auront à en porter le flambeau devant toute l'entreprise? Ou serait-il préférable, au contraire, d'investir temps et argent dans l'amélioration d'une structure de consultation qui s'étendrait, cette fois, à l'ensemble des intervenants? Privilégier des groupes de créativité ou améliorer la structure de participation? Poser le problème équivaut à y répondre, en partie; car autant les méthodes de créativité favorisent l'épanouissement individuel et de groupes, autant une structure de travail appropriée en soutiendra l'effort. La preuve est faite depuis que les tentatives (quoique sporadiques) d'implantation de méthodes, aussi sophistiquées que la Synectique, aient échoué aux tests de durabilité et d'efficacité. Que s'est-il donc passé?

L'expression «mettre la charrue devant les bœufs» s'applique à ce type d'expérimentation où la créativité revêt une aura de mysticisme réservée à une poignée d'idéateurs retranchés du reste du monde. Non, la créativité s'adresse à tous et à chacun; dans l'éventualité contraire, la structure conventionnelle aura tôt fait de l'étouffer. Malheureusement, et pour toutes sortes de raisons (coûts prohibitifs, manque de temps, pertinence de la formation...), l'option créativité n'a jamais été endossée avec tout le sérieux qu'elle mérite. À l'agenda du parfait gestionnaire, il est question de gestion du temps, d'authenticité en management, de leadership, de mobilisation de personnel, de gestion stratégique, de contrôle du stress, etc., mais est-ce normal qu'en pleine crise économique, peu de gestionnaires perçoivent le lien entre créativité et structure de l'entreprise, entre créativité et les mécanismes de consultation, créativité et la survie de l'entreprise, créativité et émission télévisée, publicité, éducation?...

Il faut comprendre que la créativité passe avant tout par le courant de la consultation. Mais pas n'importe quelle sorte. Le nœud gordien de toute la problématique se joue à ce niveau. Car la créativité est et sera toujours refoulée dans la mesure où la consultation se définit et se limite par la seule ouverture à l'information et au

25

processus d'évaluation telle que vécue dans les comités de gestion de l'entreprise. Comme si, par le biais de (l'accessibilité à) l'information et de l'évaluation, la participation et l'implication des membres dans l'organisation seraient automatiquement assurées!

Quels sont les mécanismes de consultation couramment utilisés dans l'entreprise? Comment sont organisés les comités de gestion, les *meetings*, les comités d'études, les multiples réunions de service; qui est invité à ces réunions, qui ne l'est pas et pourquoi? En outre, quelle méthodologie est employée et avec quels résultats? Ces préoccupations ont donné naissance à un questionnaire-sondage (le lecteur est invité à y répondre) qui répertorie les différents mécanismes de consultation: les *qui, comment, pourquoi* et avec *quels résultats* d'une réunion constituent les éléments fondamentaux de l'enquête. *d*

• QUESTIONNAIRE SUR LES COMITÉS DE TRAVAIL •

Âge : _____ sexe : _____langue maternelle : _____

Dernier diplôme obtenu : _____

Sur le marché du travail depuis combien d'années : _____

Employeur actuel (facultatif) : _____

Salaire annuel brut (approximatif) : _____

Genre d'entreprise : _____

Nombre d'employés dans l'entreprise (environ) : _____

Pour chaque comité de travail (réunion de service, comité exécutif, assemblée syndicale...) auquel vous êtes rattaché de par vos fonctions, remplissez le tableau ci-dessous :

Nom du comité	Fréquence/(an) des réunions	Nombre de participants

Si vous ne participez à aucun comité de travail, cochez la case suivante : ☐

Choisissez le comité qui vous semble le plus représentatif du fonctionnement habituel de vos réunions de travail pour répondre aux prochaines questions.

1. Mandat du comité : _____

2. Nombre de participants : _____

3. Les membres du groupe ont-ils le même rang hiérarchique dans l'entreprise?
    ☐ Oui   ☐ Non
    Si ‹non›, précisez le nombre et les différentes fonctions exercées dans l'entreprise par les membres du comité.

27

Nombre :   Fonction :

_____   _____

_____   _____

_____   _____

_____   _____

_____   _____

4. Objectifs de la réunion : donnez vos réponses en
   pourcentage.

   Information :   _____%

   Recherche d'idées :   _____%

   Prise de décisions :   _____%

   Autre :   _____%

5. Fréquence des réunions de travail
   (une seule réponse) :

   _____   par jour

   _____   par semaine

   _____   par mois

   _____   par année

6. Durée moyenne de la réunion : _____ heure(s)

7. Existe-t-il un responsable du comité?
   Si «oui» le responsable du comité occupe un poste
   (dans l'organisation) hiérarchiquement :
   ☐ supérieur
   ☐ égal
   ☐ inférieur par rapport à l'ensemble du groupe

8. Qui anime habituellement la réunion?
   ☐ un membre du groupe choisi au hasard
   ☐ un membre qui connaît mieux la procédure
   ☐ le responsable du comité
   ☐ autre : _____

9. Dans votre comité :
   ☐ on utilise habituellement un ordre du jour
   ☐ on n'utilise habituellement pas un ordre du jour
   ☐ l'ordre du jour se construit au fur et à mesure

10. Dans votre comité, l'ordre du jour est généralement
    préparé par :
    ☐ le responsable du comité
    ☐ un ou plusieurs membres du comité
    ☐ quelqu'un d'autre, précisez :_____

11. Habituellement, les membres du comité prennent
    connaissance de l'ordre du jour :
    ☐ avant la réunion :
       combien d'heures ou de jours? _____
    ☐ pendant la réunion

12. Pendant les réunions, le comité réussit-il à couvrir équitablement tous les points à l'ordre du jour?
☐ habituellement
☐ à l'occasion
☐ jamais

13. Méthode de travail du comité:
☐ le code Morin ou ses dérivés
☐ la méthode du *brainstorming* ou ses dérivés
☐ l'ordre du jour
☐ aucune méthode particulière
☐ autre

14. Dans une réunion de comité typique, quel pourcentage de temps est accordé à:

l'information: _____%

la recherche des idées: _____%

la prise de décisions: _____%

d'autres activités: _____%

15. Quel est le pourcentage des membres du comité qui assiste régulièrement aux réunions?

_____%

16. Après la réunion, chacun des membres du comité reçoit-il un compte rendu (ex.: procès-verbal) de la réunion?
☐ Oui   ☐ Non

17. Le compte rendu est rédigé par :
   ☐ le responsable du comité
   ☐ un secrétaire nommé d'office
   ☐ un membre du groupe choisi au hasard

18. Existe-t-il un enregistrement sonore ou visuel de la réunion ?
   ☐ Oui   ☐ Non

19. Pendant la réunion vous vous servez de :
   ☐ rétroprojecteur
   ☐ magnétophone
   ☐ téléviseur
   ☐ tableau
   ☐ *flip chart*

20. Votre local de réunion sert-il principalement à des fins de réunions ?
   ☐ Oui   ☐ Non

21. À quel schéma visuel associez-vous votre groupe dans son organisation physique des lieux pendant la réunion ?
   ☐ rectangulaire
   ☐ circulaire
   ☐ demi-cercle
   ☐ aucun ordre en particulier
   ☐ autre :_____

22. Langue de travail du comité :_____

23. Vos commentaires sur le questionnaire seraient grandement appréciés :

✎ Groupe Créativité® 1993
  C.P. 581, succursale Outremont (Québec)
  H2V 4N4
  Tél. : (514) 279-2248

• **RÉSULTATS DU SONDAGE** •

Les premiers résultats obtenus confirment ce que nous pensions déjà pour l'avoir maintes fois observé dans différents milieux de travail. Il existe deux types de réunions dans l'entreprise : l'une est officielle et regroupe (avec convocation) l'ensemble des membres d'un secteur donné tandis que l'autre, plus spontanée, se limite à quelques individus d'un même secteur, individus qui se regroupent à partir d'un projet commun; la réunion est alors dite informelle. Cette dernière se caractérise par un climat de travail plus détendu, plus permissif et contrairement à l'autre comité, le pourcentage de temps consacré à l'idéation est plus élevé. C'est parmi ces groupes que nous avons observé l'emploi sporadique de certaines méthodes de créativité.

Le problème avec ce type de groupe réside dans le fait qu'il est ponctuel, ne prend forme exclusivement que lors d'une tâche précise à accomplir et ne regroupe que les individus concernés directement par le problème; d'où la difficile tâche de compiler des résultats significatifs. La majeure partie des répondants a donc choisi le type de réunion ‹formelle› comme modèle pour répondre aux items du questionnaire.

32

Idéalement, il aurait fallu présenter le questionnaire à tout le personnel parmi plusieurs entreprises différentes; ce qui n'a pas été réalisé jusqu'à présent, faute de ressources. Mes premières données proviennent d'une centaine de répondants seulement; ce qui détermine les limites dans l'interprétation des résultats.

J'invite donc le lecteur à répondre individuellement au questionnaire ou à le présenter à son personnel. Vos réponses serviront, soyez-en certains, à valider ou à infirmer les hypothèses de départ. Quoique limité par l'échantillonnage, je me permettrai d'avancer les hypothèses les plus inédites, les plus frappantes, en laissant de côté, non par manque d'intérêt, les aspects socio-économiques et culturels (ex. : items traitant du sexe, de la rémunération, de la langue...) du questionnaire.

En guise d'introduction au sondage, il est demandé au répondant de préciser le nombre de comités auxquels il est rattaché depuis ses fonctions dans l'entreprise.

PREMIÈRE HYPOTHÈSE : tous les employés qui gagnent en deçà de 30 000 $ sont tout simplement exclus des différents comités de travail!

Si cette hypothèse est véridique, les quelque 70 p. cent des éléments qui la composent seraient automatiquement éliminés.

DEUXIÈME HYPOTHÈSE (en réponse aux items 7, 8 et 10 traitant du responsable et de l'animateur de la réunion) : Les rôles de l'animateur et du responsable du comité sont tenus généralement par la même personne, celle qui occupe dans le groupe le poste hiérarchiquement le plus élevé (autrement dit : le patron!). En corollaire : le contenu de la réunion, l'information qui y circule, la détermination des différents points à l'ordre du jour et le contrôle de la procédure deviennent l'apanage exclusif du patron hiérarchique. La dynamique du groupe dépend du style de gestion de *monsieur*, de sa permissivité, de son ouverture d'esprit et de sa propension à accepter les suggestions d'autrui!

TROISIÈME HYPOTHÈSE (en réponse aux items 9 et 13 en particulier) : La méthode de travail privilégiée est celle de *l'ordre du jour* (avec quelques emprunts au code Morin).

À ma connaissance, l'ordre du jour ne représente que l'agenda des sujets à traiter. Que la méthodologie appliquée soit tributaire du contenu consacre, encore une fois, la prépondérance du contenu sur le contenant, prépondérance de la logique au détriment de la pensée créative.

Ce phénomène se retrouve partout, parmi toutes les institutions et compagnies que j'ai répertoriées. Membre d'un comité scolaire *purement consultatif*, quelle ne fut pas ma surprise de constater que le président du comité devait sa maîtrise (!) des débats à un stage de formation (défrayé par la commission scolaire) en *assemblées délibérantes*!

QUATRIÈME HYPOTHÈSE (en réponse aux items 4 et 14) : plus de 90 p. cent du temps de la réunion est consacré à l'information, à l'évaluation et à la prise de décision. Et moins de 10 p. cent à l'idéation.

À consulter le registre des procès-verbaux de réunions tenues autant dans l'entreprise privée que dans les organismes gouvernementaux, il appert que les individus sont effectivement bien informés de ce qui se passe dans l'entreprise et que les objectifs ou buts visés sont assez bien précisés et bien compris. L'aspect informatif est donc bien couvert. Par contre, si on calibrait le pourcentage de temps consacré à l'information, à l'évaluation et à la prise de décision, on découvrirait que plus de 90 p. cent du temps leur est dévolu. Tandis que moins de 10 p. cent du temps concerne l'idéation. Curieux, n'est-ce pas, que les décisions se prennent avant même que les idées ne soient formulées!

Le corollaire de ces quatre hypothèses est doublement paradoxal et troublant.

Malgré le fait que très peu d'individus (30 p. cent) soient consultés, que le processus de consultation soit biaisé, que la méthodologie aille à l'encontre de l'objectif désiré et que le temps réel d'une réunion accapare l'évaluation et l'information, il en résulte que l'individu s'estime malgré tout *consulté*! Illusion entretenue par l'information. Par contre, s'il fallait évaluer dans quelle mesure le potentiel de créativité est sollicité, les résultats indiqueraient sans doute un degré de satisfaction plus bas.

Autre phénomène qui voit le jour depuis un certain temps : celui des *Lac à L'Épaule,* cher aux administrateurs soucieux de faire participer le personnel à la bonne marche de l'entreprise. Effort louable qui ne dure que le temps d'une rose, à savoir une ou deux journées. Énoncer les politiques présentes et à venir, préparer des plans quinquennaux de développement, mettre à contribution le personnel en l'informant de son rôle et de sa mission dans l'entreprise constituent les plats de résistance de ces rencontres.

‹Selon vous, quels seront les changements majeurs à prévoir d'ici cinq ans?›

Viennent comme réponses tous les gadgets électroniques, bureautiques, informatiques et robotiques qui faciliteront la tâche de tout le monde dans un climat de travail personnalisé. Tous et chacun connaîtront la joie de vivre, avec des possibilités de s'exprimer jamais vues, tenant compte, bien sûr, des intérêts du consommateur, des profits de l'entreprise, de la Société, des pauvres et de la misère humaine! Le suivi étant rarement actualisé, n'est-il pas aisé de prédire les effets de la consultation se retourner contre l'objectif visé, car...

‹Demain le boulot continue et chacun reprend les tâches qui lui sont assignées!›

Pourquoi un groupe est-il plus efficace et créatif qu'un autre?

1) D'abord sa composition : Un groupe composé exclusivement de médecins, comparé avec un autre, impliquant des éléments disparates, obtiendra un score moins élevé aux critères de créativité. La raison est simple : les médecins pensent tous de la même façon. Par conséquent, ils bénéficieront de moins de points de vue différents et éprouveront plus de difficulté à créer de nouvelles associations d'idées. À défaut d'obtenir, dans la pratique courante, un degré élevé d'hétérogénéité, il importe de composer des équipes de travail alimentées d'un maximum de secteurs et d'individus hétérogènes.

2) Ensuite la concordance des objectifs avec les méthodes de la réunion : Il s'agit d'informer? Informons et utilisons les techniques se rapportant à la transmission de l'information. Il s'agit d'évaluer? Simple!, évaluons et utilisons aussi les méthodes appropriées. Il s'agit de consulter? Consultons. Les techniques de créativité et de résolution de problème remplissent ce rôle. À quoi sert de mêler cartes, méthodes et objectifs?

Comment développer la créativité dans l'entreprise?

Réponse : avant tout, prendre conscience que la créativité concerne tout le monde; ensuite, faire preuve d'une vision et d'une volonté de gestion axées sur une formule participative.

Je n'ai pas à reconstituer le modèle de l'entreprise; mais en ma qualité de consultant, j'exhorte le dirigeant à privilégier une structure de concertation efficace et omniprésente au point qu'elle fasse partie intégrante des murs, des us et coutumes de son entreprise. Je rêve du jour où le nouvel employé aurait autant de facilité à s'adapter au contexte de cette forme de participation que l'employé d'hier occupé à deviner les intentions de ses supérieurs immédiats.

Au stade actuel de la prise de conscience des dirigeants, je n'oserais pas leur proposer des cours avancés de patinage artistique. Ma proposition ressemblerait plutôt à celle d'un représentant d'une firme de patins. ‹Voici : le patin gauche est destiné au pied gauche, le patin droit, au pied droit.› À plus tard, les acrobaties du processus créatif; concentrons-nous d'abord sur l'abc du coup de patin, la voie participative.

Le questionnaire-sondage, auquel nous nous sommes référés précédemment, constitue une percée dans l'implantation du processus de créativité. Sans jeter par terre les modèles déjà en place, il pointe du doigt et situe l'endroit par excellence où la créativité devrait s'exercer prioritairement : les comités de gestion. Ces derniers ne constituent-ils pas les rares mécanismes où d'office les individus sont appelés à se rencontrer? J'estime qu'en améliorant l'aspect méthodologique de ces différentes réunions, l'indice de créativité de chacun de ces groupes pourrait s'accroître facilement de 100 p. cent... si bien entendu, on s'en donne la peine.

• ORDRE DU JOUR •

Comme chacun le sait, l'ordre du jour conventionnel est ainsi composé (tableau à la page suivante) :

ORDRE DU JOUR CONVENTIONNEL

- ACCEPTATION du procès-verbal de la dernière réunion

- ACCEPTATION des divers points à l'ordre du jour actuel

- INFORMATION GÉNÉRALE

- POINT 1
  - ex. : suivi sur le projet *évaluation des coûts*

- POINT 2
  - ex. : exposé sur la nouvelle tarification

- POINT 3
  - ex. : compte rendu sur les besoins de la clientèle

- POINT 4
  - ex. : échéancier à compléter (projets *circulaires*)

- Point 9
  - varia

Un *meeting* créatif, est-ce possible sans faire peur et surtout sans chambarder la procédure habituelle de travail adoptée depuis des siècles?

‹Devrais-je porter une chemise blanche ou rose?›

‹Êtes-vous d'accord avec la nouvelle politique de tarification?›

‹Oui ou non?›

La clef de la concertation réside dans le questionnement. Voici pourquoi :

En réponse aux interrogations concernant la couleur de la chemise, la politique de tarification et le choix à faire entre le «oui» et le «non», il n'existe dans chaque cas que deux alternatives possibles : chemise blanche ou rose, être d'accord ou pas, oui ou non; pensée convergente. Le *meeting* conventionnel est celui qui favorise cette forme de pensée axée sur l'évaluation, ce phénomène étant renforcé par l'inaptitude de l'ordre du jour à proposer en interrogation ouverte, chacun (ou la majorité) des différents points à aborder.

«Comment me vêtir?»

«Quelles sont toutes les formes possibles de tarification?»

Dans ce cas, l'interrogation invite à l'exploration de plusieurs points de vue. Les limites d'un choix entre deux réponses déjà connues sont ainsi dépassées; pensée divergente. Dans le contexte d'une réunion où l'objectif est à la consultation, il importe de traiter l'ensemble des points de l'ordre du jour selon les principes de la résolution de problèmes où l'interrogation bien orchestrée et bien dosée influe sur le mode de pensée des participants. Souvent un minimum de renseignements concernant soit l'entreprise, le service concerné, de nouvelles directives ou que sais-je encore, sont perçus comme étant nécessaires à communiquer en début de réunion. Outre l'aspect informatif, ces différents points ne pourraient-ils pas également conduire à la formulation de plusieurs projets, voire de projets inédits qui en découleraient? Il importe de rappeler que le processus de créativité ne se limite pas exclusivement aux idées; car ces dernières ont besoin, comme point de départ, d'un projet, d'un problème à résoudre, d'un défi... À leur tour, les points de l'ordre du jour, structurés en autant de projets, suscitent, par la forme interrogative employée, l'idéation des participants en mobilisant leur engagement et leur intérêt.

Le tableau qui suit fournit un exemple concret d'un ordre du jour renouvelé.

ORDRE DU JOUR, NOUVELLE FORMULE

• ACCEPTATION du procès-verbal de la dernière réunion
• ACCEPTATION des divers points à l'ordre du jour actuel
• INFORMATION GÉNÉRALE
• INVENTAIRE de projets découlant de l'information donnée
• POINT 1 – ex. : recherche d'idées sur «Comment informatiser l'évaluation des coûts?»
• POINT 2 – ex. : inventaire de problèmes possibles concernant la nouvelle tarification
• POINT 3 – ex. : recherche d'idées sur «Comment deviner les besoins de la prochaine génération?»
• POINT 4 – ex. : recherche d'idées sur «Comment devancer notre échéancier?», etc.

Un tel ordre du jour s'apparente davantage à une méthodologie de créativité au lieu d'une simple succession d'items à traiter pendant la réunion. Cet exemple, parmi tant d'autres, illustre de quelle manière il est possible d'implanter graduellement une structure de créativité sans pour autant bouleverser les habitudes de travail du milieu environnant. Cette transition sera facilitée dans la mesure où, en début de réunion, l'animateur proposera des exercices de conditionnement de l'esprit (!), à l'image de l'athlète qui réchauffe ses muscles avant de compétitionner. (Le lecteur pourra s'inspirer, pour des fins d'expérimentation, des exercices pratiques suggérés dans les pages qui suivent.)

Et voilà pour les premiers coups de patins! Serait-ce si difficile d'appliquer ce modèle de réunion parmi tous les comités de l'entreprise? Non, puisqu'il est déjà solidement ancré, dans sa forme conventionnelle, dans les habitudes de travail des dits comités. Il suffit de changer quelques règles de fonctionnement et le tour est joué!

• ENTRAÎNEMENT À LA CRÉATIVITÉ •

Chapeaux de paille, jupes courtes, les pieds sur la table, voici comment débute l'entraînement à la créativité! Marcher à quatre pattes, tirer la langue à quelq'un, grimper dans les rideaux et surtout faire le plus de bruit possible! Le chef d'entreprise ne trouve pas cela drôle, mais pas du tout..., moi non plus.

Comme l'intelligence, la créativité ne se développe pas seule, dépourvue d'un environnement, d'une structure ou de techniques qui soient en mesure de la canaliser. Certes, l'entraînement et la pédagogie doivent reposer sur des mises en situation qui étonnent, qui aiguillonnent l'esprit. Mais en aucun temps ils ne doivent privilégier l'émergence (à outrance) de l'hémisphère droit sur le gauche. À quoi bon répéter, à l'inverse, les mêmes erreurs ?

Dans toute formation en créativité, l'obstacle à surmonter provient de l'habitude généralisée des participants à penser presque exclusivement d'un seul côté du cerveau : l'hémisphère gauche, foyer de la pensée logique et cartésienne. En fait, la pensée «boite». «Physiothérapeutiser» l'hémisphère droit en rétablissant l'équilibre entre les deux hémisphères cérébraux, voilà l'objectif que toute formation en créativité devrait proposer... humblement.

– Tiens, il a la même couleur de cheveux que toi; par contre, son petit air taquin, ses pieds plats, sa tache de naissance qu'il arbore au cou...

– Mais d'où lui vient cette démarche, cette façon originale de se déhancher, de se gratter le museau de la main gauche ?...

Chercher une idée, prendre une marche, allumer le téléviseur, parler avec quelqu'un, noter ses rêves, consulter un ami, un clairvoyant, interroger les cartes du tarot, méditer, ouvrir un livre, le dictionnaire; être disponible, curieux, ouvert, supporter deux secondes d'ambiguïté... Puis soudain, l'idée surgit. D'où ?... Mystère et boule de gomme!

Les techniques de créativité, à leur plus simple expression, opèrent de la même manière. Elles créent les ouvertures, présentent des situations parfois bizarres et sans degré d'appartenance évident avec le problème. Il appartient au créateur de faire le lien. Pour le commun des mortels, recevoir ‹une pomme sur la tête› signifie davantage un désagrément qu'une source d'inspiration. Ce ne fut pas le cas pour Newton qui, disponible, a su faire le lien entre la pomme et son problème, saisir l'occasion. Les techniques n'inventent pas; elles invitent au voyage et à l'expérimentation.

Parmi les plus connues, soulignons le *Brainstorming* et l'approche de Synectique. Le point commun entre les deux techniques? L'attitude de base que sous-tend toute la démarche de créativité : l'ouverture d'esprit. Le principe est simple, quoique moins évident dans la pratique de tous les jours : car en créativité, il ne faut surtout pas s'attendre de connaître à l'avance le fruit de ses efforts – comme la bonne réponse à un test de mathématiques.

À quoi bon s'acharner à développer son potentiel si au départ subsiste la crainte de s'aventurer dans des sentiers inconnus? L'attitude de base en est une d'ouverture et de détachement par rapport au connu. Ceci suppose de ne rien prendre pour acquis définitivement, de considérer la relativité des choses et des principes, et de se permettre de défier les lois du savoir et de l'expérience; d'être un peu plus élastique dans ses convictions.

En corollaire, découlent les principes plusieurs fois repris par les auteurs d'ouvrages spécialisés :

– l'acceptation inconditionnelle de soi
– l'acceptation inconditionnelle des autres

44

- l'empathie
- la congruence
- le jugement différé
- l'imagination libérée
- l'absence de censure
- la tolérance à l'ambiguïté
- la construction sur les idées des autres...

Bien qu'ils soient évidents et admis d'emblée sans conteste parmi les groupes de formation, j'observe, lorsque ces derniers sont confrontés à des problèmes réels, dans le feu de l'action, plusieurs accrocs aux principes fondamentaux. Accrocs, dis-je, attribuables à la difficulté que les participants éprouvent d'explorer les voies de l'inconnu, de mettre de côté la logique d'évaluation de l'hémisphère cérébral gauche. La référence au monde du connu, vivace, cons-titue souvent l'obstacle principal à surmonter!

D'où l'importance des techniques de créativité qui, tout en gardant le fil logique (nous y reviendrons) du problème, brisent les chaînes du raisonnement en lui opposant, volontairement ou pas, des avenues dites farfelues ou tirées du hasard, des associations forcées, d'indices provenant du champ des analogies... La plupart des techniques de créativité sont basées sur le jeu du hasard, des analogies et des associations. Ces techniques reposent sur l'habileté à sentir, à voir, à manipuler et à établir subséquemment des liens nouveaux avec les éléments du problème.

Avant d'avancer plus à fond dans l'aspect méthodologique, j'invite le lecteur à se soumettre à quelques exercices préparatoires dits *d'assouplissement de l'esprit*: nul doute que la compréhension des techniques sera facilitée dans la mesure où l'habileté à voir et à établir des liens sera développée.

• EXERCICES D'ASSOUPLISSEMENT •

Exercice 1. Quels sont les points communs entre :

a) *Voler de ses propres ailes* et de la *gomme à mâcher ?*

_____

b) *Attraper un papillon* et *une aspirine ?*

_____

c) *Acheter une auto* et *jouer au hockey ?*

_____

d) *Composer de la musique* et *réparer un pneu ?*

_____

e) *Emballer un cadeau* et *l'embonpoint ?*

_____

f) *Une coupe de cheveux* et *un logiciel ?*

_____

g) *Un mal de mer* et *la fonction de maire?*

_____

h) *James Bond* et *le pape?*

_____

Exercice 2. Le jeu des associations

Consigne :

Inventez un nouveau type de clavier d'ordinateur en vous inspirant du thermomètre comme objet de référence. Quels seront les nouveaux types de claviers?

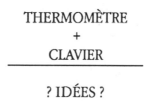

THERMOMÈTRE
+
CLAVIER
_____

? IDÉES ?

Avant d'associer *thermomètre* et *clavier*, il est important de faire l'analyse fonctionnelle du thermomètre : dans le jargon du métier, nous appelons cette opération «examen» d'un objet ou d'une situation concrète quand il s'agit d'un phénomène, par exemple *sauter en parachute.*

Par «examen», on entend dégager la fonction principale de l'objet, identifier un ou plusieurs de ses principes d'organisation ainsi que ses caractéristiques propres.

Pour les besoins de l'exercice, nous décortiquerons artificiellement en trois temps distincts un processus qui normalement (avec un peu de pratique) se fait automatiquement.

EXAMEN DU *THERMOMÈTRE*

THERMOMÈTRE

- **FONCTION PRINCIPALE :**
  - lecture de la température

- **PRINCIPE DE FONCTIONNEMENT :**
  - le mercure (contraction, expansion) qui réagit aux variations de la température

---

- **PRINCIPALES CARACTÉRISTIQUES :**
  - léger, gradué, fragile
  - extérieur, intérieur
  - lecture en degrés Celsius ou en degrés Fahrenheit

THERMOMÈTRE
+
CLAVIER

? IDÉES ?

| Touches phosphorescentes |
| Touches bilingues |
| Transcription automatique en braille |
| Enduit protecteur en plastique pour les touches |
| Couleurs différentes pour voyelles et consonnes |
| Minuterie pour évaluer la vitesse d'exécution... |

EXERCICE PRATIQUE

Consigne:

À partir d'un carton d'allumettes, trouver des améliorations au concept d'une tasse à mesurer:

CARTON D'ALLUMETTES
+
TASSE À MESURER

? IDÉES ?

EXAMEN DU CARTON D'ALLUMETTES

• FONCTION PRINCIPALE :

–_____

_____

• PRINCIPE DE FONCTIONNEMENT :

–_____

_____

_____

_____

_____

• PRINCIPALES CARACTÉRISTIQUES :

–_____

–_____

–_____

–_____

–_____

–_____

CARTON D'ALLUMETTES

+

TASSE À MESURER

? IDÉES ?

▼

_____

_____

_____

_____

_____

Exercice 3. La pièce de théâtre

Il existe plusieurs niveaux d'associations. Au premier niveau correspond la juxtaposition simple (ou simpliste) des éléments en cause. Le degré d'éloignement est réduit. Cigarette et fumée, chaise et table. Plus l'éloignement est grand, plus il y a matière à composer une association de niveau supérieur, plus subtile, susceptible par conséquent de provoquer un *insight* plus prometteur. L'exercice de la pièce de théâtre vise à atteindre un degré plus élevé d'associations. La consigne en fait foi :

•Composez un scénario (trois, quatre paragraphes) d'une pièce de théâtre à partir d'un élément choisi dans chacune des catégories; donc quatre éléments à partir desquels le scénario sera construit. Les éléments sont tirés au hasard et la pièce doit être inspirée de ces

51

derniers. Il est interdit de mentionner directement dans le scénario les éléments choisis. En guise de jeu, présentez le tableau des éléments à une tierce personne en lui enjoignant, à la suite de la lecture du scénario, de retracer ceux qui ont servi à la composition de la pièce. Si elle découvre les quatre éléments du premier coup, peut-être que les associations ne sont-elles demeurées qu'au premier niveau?...»

PERSONNAGES	LIEUX	ACTIONS	ACCESSOIRES
mineur	chambre froide	se gratter	chausson aux pommes
busboy	salon d'essayage	manger un beigne	encrier
funambule	grotte	bégayer	tablette
somnambule	autobus	pourfendre	tapette à mouches
cascadeur	aréna	rendre grâce	balle de golf
poète	igloo	prophétiser	tondeuse
chasseur	comptoir à bonbons	uriner	éléphant
prostitué	charcuterie	engraisser	sauce à spaghettis
diététicien	classeur	skier	broche
optométriste	bibliothèque	battre en retraite	bidon d'essence

Exercice 4. Analogies

a) Consigne:

À l'aide de l'indice analogique proposé, découvrez l'objet caché parmi les cinq éléments suivants.

ÉCHELLE   ÉVANGILE   CENDRIER   TOUR   PROCÈS

L'indice : si l'objet à découvrir existait dans le domaine de la cuisine, il ressemblerait, de par ses fonctions, à un *couteau*: Quel est-il?

Pour découvrir l'objet caché, passez en revue les fonctions principales de chaque objet énuméré et sélectionnez celui dont les fonctions s'apparentent le plus au *couteau*.

Réponse :

---

b) Même consigne:

À l'aide de l'indice analogique proposé, découvrez l'objet caché parmi les cinq énumérations ci-dessous.

TONDEUSE GOMME ENCRIER IGLOO PHOTOCOPIEUR

L'indice : si l'objet à découvrir existait dans le domaine de la médecine, il ressemblerait, de par ses fonctions, à une *cellule*: Quel est-il?

Pour découvrir l'objet caché, passez en revue les fonctions principales de chaque objet énuméré et sélectionnez celui dont les fonctions s'apparentent le plus à *une cellule*.

Réponse :

_____

Exercice 5. Associations à partir d'analogies

Consigne :

Nommez pour chaque domaine suggéré, un objet qui, de par ses fonctions, ressemble le plus à celles remplies par un cendrier. Pour les besoins de l'exercice, retenons la fonction de recevoir :

POLITIQUE	TÉLÉVISION	MÉDECINE

Pour chaque analogie, déterminez le plus grand nombre possible d'améliorations du cendrier :

54

POLITIQUE	TÉLÉVISION	MÉDECINE
boîte à scrutin :	*antenne :*	*pansement :*
cendrier-compteur	*cendrier mesurant*	*cendrier qui aspire*
de consommation	*la qualité de l'air*	*la fumée*
de cigarettes	*ambiant*	

Exercice 6. Les cercles de Torrance

Au terme de ce chapitre, il importe de connaître les facteurs déterminants dans l'appréciation de la performance créative; facteurs qui s'adressent autant à l'individu qu'au niveau d'un groupe de tâches. Le test est inspiré de Torrance et met en valeur quatre facteurs importants. À la suite de cet exercice, peut-être saurez-vous mieux apprécier vos forces et reconnaître certains aspects à améliorer par rapport à chacun de ces facteurs?

Consigne :

À partir de chaque cercle de la page suivante, dessinez un objet concret qui soit le plus original possible. Le dessin doit utiliser le cercle comme point de départ. Exemples : un volant d'auto, un igloo...

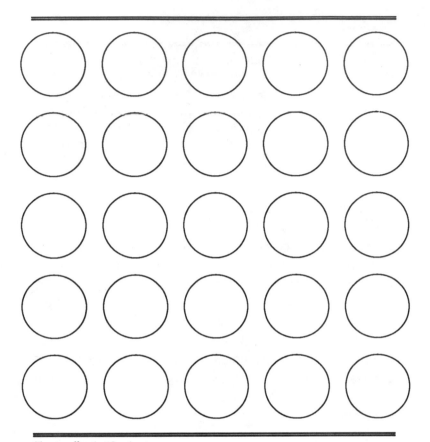

Temps alloué: 12 minutes.

• FACTEURS DE BASE •

– LA FLUIDITÉ

À la petite école, on répétait sans cesse de «tourner sa langue sept fois avant de parler». Le but manifeste visait l'obtention de la bonne réponse, admise de tous. En créativité, on ne vise pas *la bonne réponse*; on cherche plutôt à créer des occasions.

Le principe est simple : avant de déterminer si le concept est intéressant ou non, laissons à l'individu la chance de s'exprimer librement, sans censure ni évaluation précoces. Rendre prioritaire la qualité porte l'individu au jugement hâtif et à se restreindre impunément dans la recherche de nouveaux points de vue.

À trop s'empresser de valider une nouvelle idée, cette dernière, embryonnaire, ne saura supporter le poids de la logique d'évaluation; en conséquence, on aura tôt fait de l'abandonner. Prioriser la quantité en reportant à plus tard la phase de l'évaluation, mobilise l'intuition et favorise du même coup l'expression de nouvelles approches. En somme, contrairement à la pensée rationnelle qui cultive la qualité, la pensée créative mise d'abord sur la quantité en ouvrant le robinet des idées.

Le truc pour développer la fluidité? Séparer l'idéation de l'évaluation.

Dans le test de Torrance, calculez le nombre de dessins effectués sur les 25 cercles pour apprécier votre performance à l'égard de ce critère.

– L'ORIGINALITÉ

Le contraire de l'originalité s'exprime par le conformisme. Celui-ci se cantonne dans la répétition de ce qui existe, de ce qui a déjà fonctionné comme idée pour résoudre un problème. La pensée créative, au contraire, développe les concepts de nouveauté, d'originalité qui marquent l'œuvre et distinguent l'auteur des autres. Faire bande à part, supporter deux secondes d'ambiguïté, suivre son intuition, penser différemment...

Dans le test, l'originalité s'exprime par le degré de fréquence d'une idée (dessin) par rapport à un échantillon donné. Si vous avez effectué le test avec d'autres, choisissez un dessin que vous croyez unique et vérifiez sa fréquence d'apparition parmi ceux des autres. Dans l'appréciation du test, Torrance ajoute que l'indice d'originalité sera plus élevé si plus de deux cercles ont été utilisés pour un même dessin. Exemples? Une chenille, une armée en marche...

– LA FLEXIBILITÉ

La flexibilité s'exprime par la faculté de changer de point de vue, de changer de catégories d'idées. Résoudre un problème en ne songeant qu'à un seul aspect de la problématique exprime la difficulté d'être flexible. Une pomme puis une orange, deux idées certes, mais du même ordre, des fruits.

En outre, un individu qui aurait dessiné un bataillon en marche aurait en quelques secondes utilisé tous les cercles, ce qui s'avère excellent pour la fluidité; à supposer que personne d'autre n'ait pensé à cette idée, excellent encore pour le facteur d'originalité. Mais qu'en est-il de la flexibilité? Faible, puisque le concept ne représente qu'une idée ou plutôt, ne fait référence qu'à un seul domaine d'idées.

Pour apprécier votre degré de flexibilité, calculez sur les 25 cercles le nombre de domaines différents auxquels vos idées se réfèrent. Au-delà d'une douzaine, le degré de flexibilité est en bonne santé.

– L'ÉLABORATION

Ce facteur fait référence au désir d'aller plus loin, de dépasser le principe dans l'évolution d'un concept. Pour résoudre un problème, l'un pourrait avancer l'idée de *faire davantage de publicité* : ‹Je veux bien, bonne idée... mais comment s'y prendre ?› L'élaboration cherchera à convertir le principe en idée, à le pousser plus loin, à le concrétiser dans l'action.

Le facteur d'élaboration, au test, se vérifie par le souci de détails qui accompagnent chaque dessin : par exemple, au travers la vitre d'un hublot apparaîtraient quelques vagues, des algues, des petits poissons, une sirène peut-être, etc.

À l'observation d'un groupe de personnes travaillant sur une tâche à accomplir, il importe de diriger son attention sur les rôles, la méthodologie utilisée, les environnements physique et psychologique qui le caractérisent. Lorsque l'une de ces composantes fait défaut, l'efficacité du groupe, par rapport aux facteurs de fluidité, d'originalité, de flexibilité et d'élaboration, est habituellement amoindrie. Quand j'assiste à une réunion où une dizaine de personnes, après trois heures intensives de travail, éprouvent toutes les difficultés du monde à s'entendre, à couvrir les objectifs de la réunion et à émettre quelques idées nouvelles, j'impute à l'une ou à plusieurs de ces composantes les difficultés de travail.

Les méthodes de créativité sont nées de l'observation des processus de pensée qu'utilisent les créateurs et les comités de travail efficaces : l'ouverture d'esprit, la curiosité, le jeu des paradoxes et des associations, l'appel au farfelu, aux analogies... tels que décrits sommairement au chapitre précédent. Je me souviens, à cet égard, d'un étudiant qui, à la suite d'un stage, me fit part d'avoir déjà implanté, mais inconsciemment, bon nombre des enseignements reçus. J'aime entendre cette réflexion: elle confirme que ce mode de la pensée est naturel et non artificiel.

Même si elles s'appliquent à l'individu, les méthodes de créativité se pratiquent souvent en groupes. Comme dans l'observation des mécanismes de pensée des personnes créatives, celles-ci se nourrissent de comportements qui, en groupes, assurent un meilleur fonctionnement, une plus grande créativité. Encore là, j'aime observer parmi mes stagiaires, une tendance spontanée au respect de la personne, qui se manifeste par une propension naturelle de laisser le participant s'exprimer librement et de tenir compte de ce qu'il pense. Par contre, dans le feu de l'action, lorsque le groupe est confronté avec une problématique qui le concerne directement, souvent le contenu prime et le désordre méthodologique s'installe...

Il faut retenir de ces recherches le principe de la systématisation à partir duquel tout comportement susceptible d'enclencher le processus de créativité est en opération. C'est ce que propose, en partie, l'approche du *Brainstorming*.

• *BRAINSTORMING* •

Baptisée ‹Tempête de cerveaux› par les français, l'approche du *Brainstorming* est probablement la plus ancienne parmi les techniques de créativité. Osborn et Parnes, deux Américains, en sont les parrains. Elle est enseignée depuis des générations aux États-Unis au *Creative Problem Solving Institute* à Buffalo (*C.P.S.I.*). Bien qu'il soit courant d'identifier l'approche à une émission d'idées sans retenue (soit l'étape de la recherche des idées), la technique comporte six étapes.

1. LA SITUATION GLOBALE
Celle-ci concourt à formuler en problème à résoudre l'objectif de la rencontre. On part également du principe qu'à sa première formulation, celui-ci comporte sa part d'ambiguïté et de confusion.

2. LA RECHERCHE DE FAITS

Une fois le problème posé, cette étape regroupe les faits et contraintes qui lui sont reliés pour en faciliter ultérieurement une meilleure compréhension.

3. LA RECHERCHE DE PROBLÈMES

L'étape consiste à reformuler le problème initial, celui de la situation globale, en plusieurs autres. L'étape sous-tend le principe suivant : un problème mieux posé en facilite d'autant la résolution.

4. LA RECHERCHE DES IDÉES

Cette étape se caractérise par l'émission d'idées (sans jugement, ni retenue) concernant le problème sélectionné à l'étape antérieure.

5. L'ÉVALUATION

Comme son nom l'indique, cette dernière sert à évaluer l'ensemble des idées émises à l'aide d'une grille d'évaluation qui comporte des critères déterminés en raison du problème sélectionné.

6. L'IMPLANTATION

L'étape de l'implantation détermine les problèmes à résoudre qui découleraient de la mise en application des idées retenues. Cette étape permet ainsi une double vérification du processus de l'évaluation.

Bien que peu de groupes utilisent toutes les étapes, l'approche du *Brainstorming* a connu et jouit encore aujourd'hui d'une certaine notoriété parmi des milieux et des situations où un *listing* d'idées s'avère nécessaire. Exemples : trouver un slogan publicitaire, un nom pour une nouvelle entreprise, etc.

La méthode est simple : il s'agit premièrement de structurer la consultation à partir d'un problème à résoudre et ensuite de séparer l'idéation de l'évaluation. Les principes de base (le non-jugement et la construction positive sur les idées d'autrui...) doivent être activement encouragés. Cette méthode ne requiert qu'un temps minimal de formation. Autre avantage du *Brainstorming* : il s'adapte à des groupes relativement élevés, soit à une vingtaine de participants.

En ce qui concerne les rôles, le *Brainstorming* est animé par un *leader*, sorte de meneur de jeu, axé principalement sur la procédure à suivre incluant l'enre-gistrement par écrit, sur des tableaux d'affichage, de toutes les interventions du groupe. Quant aux ·partici-pants·, il s'agit de personnes-ressources invitées à participer à la session, à titre de consultants. Leur recrutement se fait habituellement sur une base volon-taire, selon aussi le degré d'implication avec le problème ou, à l'inverse, selon le degré de non-appartenance des membres. Souple dans son application, la méthode encourage la composition d'équipes multidisciplinaires.

En revanche, la méthode, faute d'un leader au niveau du contenu (nommé *expert* avec Synectique), manque de rigueur à la recherche des faits et s'embourbe à l'étape de l'évaluation. De plus, à la recherche des idées princi-palement, elle laisse trop à l'inconscient, seul, le soin d'établir les liens avec la réalité du problème. La lour-deur de certaines étapes, jointe au phénomène des idées embryonnaires qui restent souvent en plan et qui sont rapidement rejetées (au profit des idées convention-nelles), expliquent, en partie, les limites inhérentes au *Brainstorming*.

• APPROCHE SYNECTIQUE •

Le terme *Synectique*, venant du grec, signifie : combinaison d'éléments apparemment hétérogènes. Encore une fois, il appartient à des Américains, Gordon et Prince, d'être à l'origine de cette méthode.

Le tableau suivant en résume les étapes essentielles.

SYNECTIQUE

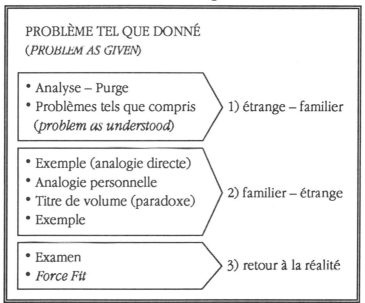

La méthode comprend trois moments distincts.

1. LA PREMIÈRE PHASE

L'objectif est la compréhension des données du problème avec les étapes du *P.T.D.* (*Problem as Given*), de l'Analyse et du *P.T.C.* (*Problem as Understood*). Ces trois étapes sont similaires à celles du *Brainstorming* conventionnel, sauf en ce qui concerne la Purge où le groupe est invité à fournir des «solutions possibles».

2. LA DEUXIÈME PHASE

Le processus est inversé : ce qui avait été rendu compréhensible en début de consultation devient volontairement «étrange», par le biais des analogies et des paradoxes. Par l'étrangeté, on espère sortir des ornières issues des données du problème ou issues tout simplement de nos propres schèmes de pensée, pour éventuellement composer de nouvelles avenues quant à ce problème.

La méthode propose donc un éloignement (au problème) de plus en plus accentué avec les mécanismes d'analogie directe, personnelle et la succession des paradoxes et des analogies qui se succèdent. Par l'analogie, s'établit un jeu perpétuel de comparaisons entre le problème et des phénomènes similaires qui existent réellement mais dans des domaines opposés. Le groupe exploitera des exemples analogiques empruntés aux sciences naturelles, s'il s'agit d'un problème de mathématiques, ou parmi des phénomènes en mécanique automobile, dans le cas d'un problème de relations humaines.

Outre l'analogie directe et personnalisée, Synectique propose d'autres formes d'analogies dont celles du fantastique et de l'analogie symbolique. Le principe du jeu de *l'attraction des contraires* justifie le recours au paradoxe. Ce dernier prend la forme d'un *titre de livre* qui le compresse en deux mots (nom, adjectif) et le renforce.

De la première à la dernière analogie, le fil conducteur avec le problème, toujours présent, s'est graduellement enrichi, subtilisé. L'éloignement est total : il n'est pas rare pendant cette phase de la consultation, de perdre en chemin les éléments du problème, phénomène en soi recherché. En bref, il s'agit de percevoir avec un œil neuf les divers aspects du problème en récupérant, parmi des mondes différents, des systèmes de pensée ou des concepts susceptibles de nourrir l'imagination.

Il ne reste qu'à déployer le parachute du dixième étage, de revenir sur terre et de fixer au problème le matériel accumulé; en langage synecticien : le *Force Fit*.

3. LA TROISIÈME PHASE

Cette étape se caractérise par le ‹Retour à la Réalité› du problème ou *Force Fit*, retour où ajustements et constructions de ‹solutions possibles› et originales sont encouragées. Le vol des oiseaux qui inspira le design actuel des ailes d'avion est un exemple classique de *Force Fit*.

La méthode de Synectique conserve du *Brainstorming* les rôles du leader et du participant. Par contre, elle se démarque de cette dernière, vu l'importance accordée au rôle de l'‹expert› (traduction libre : le responsable du problème). Avec la Synectique, ce rôle est fondamental, tandis qu'en *Brainstorming* conventionnel, il est presque inexistant, d'où le flou mentionné plus tôt.

Sans entrer dans tous les détails, soulignons que l'expert oriente le groupe lors de l'‹Analyse›, pendant la ‹Purge› et plus tard, le *Force Fit*. Celui-ci dispose d'un outil d'intervention appelé ‹spectre d'une idée› lequel, lorsque parfaitement maîtrisé, constitue un petit chef-d'œuvre dans l'art d'orienter un groupe et de procéder à l'évaluation des idées.

SPECTRE D'UNE IDÉE

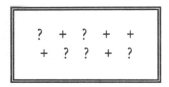

+ Aspects positifs
? Aspects «négatifs» formulés
en problèmes à résoudre

Comme on peut le constater, l'expert évalue, en prenant soin d'extirper de l'idée tous les points positifs qui s'y rattachent; dans un deuxième temps, il métamorphose ses réserves en nouveaux défis, en problèmes à résoudre. Il en résulte, pour les membres du groupe, une meilleure compréhension du problème et des priorités de l'expert.

COMPARAISON DES DEUX MÉTHODES

Les deux méthodes débutent avec un problème à résoudre.

Leurs premières étapes, presque identiques, concourent à obtenir une meilleure compréhension de la problématique de départ. Aux premiers instants méthodologiques, le plan de la logique prime.

BRAINSTORMING VERSUS SYNECTIQUE

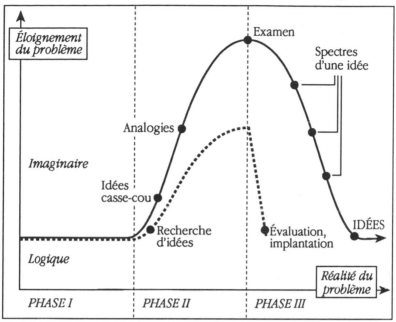

------- SYNECTIQUE

·········· *BRAINSTORMING*

En ordonnée, *l'éloignement du problème;* en abscisse, la prise de contact avec la *réalité du problème.*

Aux premiers instants méthodologiques, l'objectif de la réunion est donc présenté en problème à résoudre. Celui-ci, concret et formulé en peu de mots, propose un défi (ex. : comment louer six logements en une semaine?). Tout au long de la procédure, on encourage la concision dans les propos des participants de même que la variété des points de vue. La première phase de Synectique et les trois premières étapes du *Brainstorming*, hormis la purge des idées et l'intervention de l'expert, véhiculent le même objectif : mieux comprendre le problème.

Les deux méthodes se démarquent par le degré d'éloignement du problème (phase deux), du travail de construction de nouveaux points de vue à partir d'un matériel extérieur (phase trois) et du rôle joué par l'expert en Synectique. Tandis qu'en *Brainstorming*, il n'existe pas de recours systématiques à des étapes assurant l'envol de la pensée; encore moins à leur exploitation subséquente, si ce n'est l'appel au niveau des principes de non-jugement et à l'invite de se laisser aller à son imagination. Aucun processus de traitement des idées ·originales· n'étant prévu, contrairement à l'approche de Synectique, ces dernières seront laissées pour compte quand viendra le temps de l'évaluation... à moins que la connexion ne se fasse instantanément.

Plus riche et plus complexe, la méthode de Synectique remporte haut la main le championnat de la démarche créative, en théorie.

Par contre, Synectique nécessite un apprentissage approfondi des étapes et des rôles et ne s'applique qu'à des groupes restreints (six, sept participants). Ce qui limite de beaucoup son utilisation. À moins de disposer d'énormément de temps, d'argent et d'opter pour un objectif de formation réservé à un groupe ·select·, la méthode risque de rester sur les tablettes.

Il lui manque la simplicité, l'approche pour tous du *Brainstorming*. Qui ne connaît pas l'expression ·faire un *brainstorming*·, couramment utilisée dans le langage populaire? Qui n'a pas eu l'occasion, au moins une fois, de participer à une session d'idéation, celle où ce qui vient à l'esprit de tout un chacun est exprimé, tout haut, librement, sans aucune forme de censure?

70

Avec le *Brainstorming*, l'hémisphère gauche cerne la problématique; après coup, l'hémisphère droit construit de nouvelles idées, comme si le processus de créativité se limitait aux idées seulement et que la formulation du problème, son analyse et sa reformulation ne concernaient que la logique pure. Le modèle de Synectique, quoique transposant la problématique à un niveau analogique, opère de la même façon en favorisant (phase trois) prioritairement l'idéation, au détriment de la reformulation systématique et originale du problème.

En somme, ignorer au niveau de la procédure tout mécanisme propre à cerner créativement le problème équivaut à scinder artificiellement le processus en deux, la logique d'un côté et l'imagination de l'autre, quand il s'agit des idées; ce qui constitue, à mon avis, les limites afférentes aux deux techniques.

Lors d'un séjour de perfectionnement au *C.P.S.I.* à Buffalo, j'eus l'agréable surprise d'y rencontrer Len Warshaw, professeur à l'Université de Montréal (!), qui m'initia à la méthode *G.R.I.P.S.* (*Gaming, Random, Interactions, Problems and System*). Cette méthodologie est basée sur le jeu (*Gaming*), en tenant compte des interrelations dans un groupe, des associations et des lois du hasard (*Random*); une méthodologie originale qui mène non pas vers la résolution d'un problème mais qui aboutit à un montage de projets (*Problems and System*) tel qu'illustré au tableau de la page suivante.

• *G.R.I.P.S.* •

Pratiquée en groupe, la méthode G.R.I.P.S. propose la conceptualisation d'un grand Univers définit par sept ou

A)

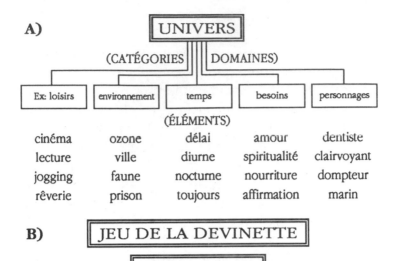

UNIVERS				
(CATÉGORIES)		(DOMAINES)		
Ex: loisirs	environnement	temps	besoins	personnages

(ÉLÉMENTS)

cinéma	ozone	délai	amour	dentiste
lecture	ville	diurne	spiritualité	clairvoyant
jogging	faune	nocturne	nourriture	dompteur
rêverie	prison	toujours	affirmation	marin

B)　　**JEU DE LA DEVINETTE**

C)　　**CURRICULUM**

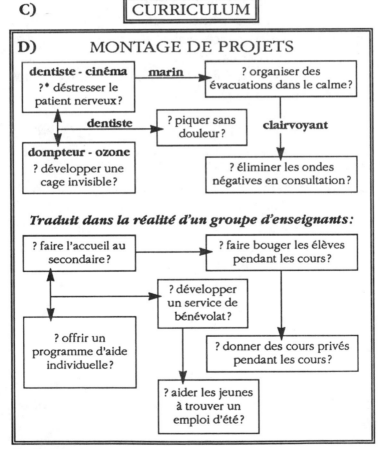

D)　　MONTAGE DE PROJETS

dentiste - cinéma
?* déstresser le patient nerveux?

marin →

? organiser des évacuations dans le calme?

dentiste →

? piquer sans douleur?

clairvoyant

dompteur - ozone
? développer une cage invisible?

? éliminer les ondes négatives en consultation?

Traduit dans la réalité d'un groupe d'enseignants:

? faire l'accueil au secondaire?

? faire bouger les élèves pendant les cours?

? développer un service de bénévolat?

? offrir un programme d'aide individuelle?

? donner des cours privés pendant les cours?

? aider les jeunes à trouver un emploi d'été?

* = Comment

huit domaines (appelés catégories) qui le caractérisent. Une seule catégorie, nommée ·personnages·, est imposée par la structure du jeu et complète la série. Dans un deuxième temps, le groupe énumère une dizaine d'éléments servant à expliciter davantage chacune d'elles.

Le jeu débute alors que chaque membre du groupe, à tour de rôle, choisit un personnage et tente de le faire découvrir par les autres membres de l'équipe, en se servant d'indices révélateurs (en relation avec le personnage) choisis parmi les éléments; le participant a la possibilité de fournir un seul indice-élément par catégorie : sept catégories, autant d'indices à donner au groupe dans la découverte du personnage mystère.

Vient ensuite l'étape du *curriculum* où les participants présentent, à tour de rôle et de façon originale, leur personnage respectif : il s'agit là d'une forme d'analogie personnelle. Nous en sommes au cœur du processus, période où les participants, doublés de leur personnage, énumèrent à qui mieux mieux différents objectifs lesquels, regroupés, forment une mosaïque de projets. On assiste à l'esquisse du véritable montage de problèmes de *G.R.I.P.S.,* alors que chaque projet est interprété selon les implications personnelles de chacun (Cf. tableau page 72 : Comment faire l'accueil au secondaire ?...). Dans la pratique, cette dernière phase s'avère ardue et nécessite plusieurs exercices préparatoires, vu le degré élevé de difficulté d'associer les projets farfelus d'avec le vécu du participant.

Mon champ d'expérimentations principal s'avérant, dans mes premières années de formateur, la clientèle universitaire, je pris conscience rapidement que ces clients n'avaient pas l'habitude d'être confrontés à de vrais problèmes les concernant et les engageant véritablement à force de résumer la pensée des auteurs et de singer celle du prof!... Je tâchai en maintes occasions d'utiliser *G.R.I.P.S.* pour fournir un outil leur permettant de composer des projets ou des problèmes à résoudre qui soient concrets et qui puissent les motiver. Comparant *G.R.I.P.S.* à d'autres moyens classiques plus simples, du type «dresser une liste exhaustive de toutes vos insatisfactions» ou encore, «d'énumérer divers projets issus d'une liste d'associations de mots», je ne trouvai point de différences significatives. Et je compris que l'avantage de la méthode se situait à d'autres niveaux, soit celui de la méthodologie pour combler les lacunes exprimées plus tôt, en particulier aux chapitres de la structuration de l'information et de l'emploi d'un matériel farfelu alors que le problème est perçu différemment. Nous y reviendrons au chapitre suivant.

• P.M.C. •

En ce qui regarde la formulation d'objectifs qui soient véritablement signifiants, l'approche de P.M.C. (Principes et Méthodes de Création) de Robert Fritz m'apporte le chaînon manquant, longtemps espéré depuis mes expérimentations avec *G.R.I.P.S.* et de mes incursions dans les domaines de la visualisation et de la méditation. Comment diable rattacher dans un même souffle, éléments de visualisation, de prise de conscience de soi avec le processus de créativité et de résolution de problèmes?, me demandai-je depuis quelques années.

Selon Fritz, résoudre un problème ne contribue en rien à l'acte de créer; par contre, *créer ne pose pas de problèmes*. Il reproche aux techniques de créativité de s'attarder indûment au processus et de négliger l'essentiel, à savoir, ce que l'individu souhaite réellement accomplir.

Pour Fritz, résoudre un problème amène une autre insatisfaction, celle d'amener l'individu à consommer la majeure partie de ses énergies à éteindre continuellement des feux qu'il n'a même pas allumés.

Au contraire, visualiser concrètement un résultat désiré, sans tenir compte des moyens pour y parvenir, constitue la clef de voûte de sa théorie. Lorsque mis en relation avec la situation qui prédomine (ou, situation actuelle), le résultat souhaité crée une tension, appelée «tension structurelle». La concentration du sujet sur l'écart existant entre les deux pôles provoque une tension; celle-ci amène une énergie, un élan qui cherchent, selon la loi du moindre effort, à se résorber naturellement, tel l'élastique, une fois tendu.

Tout comme Fritz qui reproche aux techniques de résolution de problèmes de trop s'attarder sur le comment, au détriment du résultat final, les tenants des méthodes de créativité, tout en déployant, pour les justifier, une panoplie de réalisations concrètes, auront tôt fait de reprocher le côté naïf et magique de la P.M.C. Car aussitôt la tension structurelle établie, qu'est-ce qu'on fait..., on attend? On attend que le miracle se produise, on prend une marche ou on saute sous la douche?

Ce chapitre sur les méthodes avait comme objectif de familiariser le lecteur aux différentes approches de créativité, des plus anciennes aux plus récentes. Toutes ces techniques contribuent, d'une façon ou d'une autre, à mieux comprendre et à apprivoiser davantage le processus de la créativité. Comme on l'a vu, certaines, comme le *Brainstorming*, présentent des avantages indéniables quant à leur simplicité et leur accessibilité; d'autres, plus difficiles à maîtriser, apportent néanmoins une ouverture d'esprit, de nouveaux processus (l'analogie), de nouveaux rôles (expert) et une rigueur dans la structuration de l'information (*G.R.I.P.S.*). Enfin, P.M.C. amène un souffle nouveau, un ingrédient contestataire, tout à fait complémentaire (à défaut d'utiliser le terme «récupérable», souvent galvaudé) aux méthodes existantes.

Le prochain chapitre, consacré à l'aspect méthodologique des techniques de créativité, reflète la somme des expérimentations effectuées auprès de plusieurs groupes de participants en formation. Car depuis le temps que j'œuvre auprès de ceux-ci, j'ai développé une approche de la créativité qui préserve et renforce les points forts de plusieurs méthodes; tout en maintenant la tête et le cœur au-dessus de l'aspect strictement technique, bien sûr. Mon objectif : rendre accessible un processus de la pensée qui est naturel et simple.

C e chapitre présente un modèle de résolution de problèmes et de créativité reflétant une approche combinant plusieurs autres méthodes. L'exposé théorique s'adressera davantage à l'individu dans sa compréhension du processus plutôt qu'à son application en groupes avec toutes ses modalités, notamment en ce qui concerne les rôles à jouer. Cet aspect fera l'objet d'un volet particulier au chapitre suivant.

Concernant les principes de base, la démarche emprunte au *Brainstorming* conventionnel, de même qu'à la Synectique, les mêmes principes de jugement différé, de l'imagination libérée, de l'absence de jugement...

Du *Brainstorming* conventionnel, on reprend la nomenclature et le cheminement logique des étapes. (C.f. tableau de la page suivante)

Parmi les étapes essentielles, on reconnaîtra l'influence de la P.M.C., plus précisément à la situation globale. Quant à l'approche de *G.R.I.P.S.*, nous verrons comment cette dernière améliore la structuration de l'information et comment, par le farfelu, elle facilite l'originalité et la flexibilité des projets. Quant à l'insertion des ‹idées casse-cou›, cette sous-étape, toute synecticienne d'origine, joue le même rôle que le farfelu mais cette fois, pour la recherche des idées. Nous verrons également comment utiliser d'autres mécanismes que celui des idées casse-cou, histoire de varier la procédure et d'aller plus loin dans la quête de nouveauté.

- SITUATION GLOBALE

- RECHERCHE DES FAITS
    Phase 1 : dimensions, éléments d'information
    Phase 2 : éléments farfelus

- RECHERCHE DES PROJETS

- RECHERCHE DES IDÉES

    _____
    _____
    _____

                                    Idées casse-cou

                                    _____
                                    _____

    SUITE DES IDÉES   ⤸

    _____
    _____
    _____

                                    Au choix: analogies,
                                    paradoxes

                                    _____
                                    _____

    AUTRES IDÉES   ⤸

    _____
    _____
    _____

Retenons que les rôles du leader et du participant gardent les mêmes fonctions du *Brainstorming* et de la Synectique; par contre, le responsable du problème (l'expert) se voit attribué une tâche accrue dans la préparation du problème, tout en étant soulagé de la Purge originelle et du spectre systématique du *Force Fit*... ce dernier devenant plus souple et moins technique. Nous y reviendrons.

Au terme de l'exposé théorique, nous avons prévu pour le lecteur un espace pour qu'il puisse expérimenter toute la démarche à partir d'un vrai problème qui le concerne. Nul doute qu'à partir de cet exercice, il saura mieux comprendre et apprécier le processus.

SITUATION GLOBALE

La situation globale représente le but de la consultation prenant la forme d'un problème à résoudre. Il est recommandé de le formuler simplement, avec des mots concrets, en évitant les longues phrases et en se servant de la terminologie «Comment faire...?» qui d'emblée, propose un défi à relever. À ce stade-ci, le problème peut être mal posé ou formulé. Dans ces conditions, il illustrera davantage le point de départ de la consultation. Toutefois, pour s'assurer de travailler sur une dimension qui soit plus pertinente, nous recommandons au lecteur un exercice (emprunté à la P.M.C.) de détermination de projets, exercice précédé d'un temps de relaxation.

• ÉTAPES •
(exercice préparatoire)

1) ASSEYEZ-VOUS CONFORTABLEMENT, la tête légèrement penchée vers l'avant, les deux mains longeant les cuisses, respirez profondément et procédez à l'exercice de relaxation tel que décrit au chapitre précédent.

2) LE CORPS ET L'ESPRIT DÉTENDUS, posez-vous mentalement les questions suivantes :

‹Indépendamment des moyens pour y parvenir, quels sont les résultats concrets auxquels j'aspire, concernant:

ma carrière?_____

ma vie sociale?_____

mon milieu de travail?_____

ma santé physique, psychologique, spirituelle?

_____

mes finances?•_____

3) Inscrivez à la page suivante un minimum de 12 résultats concrets souhaités. Tous devraient vous engager concrètement. Il est recommandé de fournir des résultats dans plusieurs domaines à la fois, soit à court, moyen ou long terme; il est également recommandé de réviser la liste des résultats le plus souvent possible.

1. _____

2. _____

3. _____

4. _____

5. _____

6. _____

7. _____

8. _____

9. _____

10. _____

11. _____

12. _____

4) RELISEZ UN À UN CHAQUE RÉSULTAT, en vous posant comme question : «Est-ce véritablement ce que je souhaite obtenir ?». Dans l'affirmative, gardez telle quelle l'inscription. Dans le cas contraire, écrivez un autre résultat souhaité.

5) CHOISISSEZ UN RÉSULTAT parmi les douze.

6) TRADUISEZ EN PROJET VOTRE SÉLECTION en utilisant la formulation «Comment faire...?» de la situation

globale. À éviter : l'emploi de tournures de phrases négatives.

```
SITUATION GLOBALE
Comment _____
        _____?
```

Exemple :

```
Comment faire pour
s'amuser pendant
les assemblées
départementales?
```

Autre exemple :

```
Comment arrêter le vol
dans mon magasin?
```

RECHERCHE DES FAITS
PHASES 1 ET 2

La recherche des faits comporte deux phases : la première concourt à mieux structurer les données du projet; cc qui en facilite une meilleure compréhension. La deuxième, à saveur synecticienne, complète le tableau des données par le cumul de faits farfelus analogiques, éventuels supports à la reformulation du projet.

La marche à suivre est la suivante :

EN PHASE 1 :

A) IDENTIFIEZ LES DIMENSIONS importantes du projet initial.

B) PRÉCISEZ pour chaque dimension les faits concrets et observables qui lui sont rattachés.

Cette première partie est inspirée de *G.R.I.P.S.* dans la détermination des catégories et des éléments que compose l'Univers. L'Univers devient le projet de la situation globale; les catégories et les éléments de *G.R.I.P.S.*, quant à eux, sont convertis en autant de dimensions et d'éléments d'information rattachés au projet.

```
┌─────────────────────────────┐
│  RECHERCHE DES FAITS        │
│  PHASE 1 A                  │
└─────────────────────────────┘
```

Consigne-type :

Considérant la situation globale, identifiez de quatre à cinq dimensions qui correspondent à autant d'aspects importants reliés au projet.

Exemple :

```
┌─────────────────────────────┐
│  SITUATION GLOBALE :        │
│  Comment arrêter            │
│  le vol dans mon            │
│  magasin ?                  │
└─────────────────────────────┘
```

```
┌─────────────────────────────┐
│  RECHERCHE DES FAITS        │
└─────────────────────────────┘
```

DIMENSIONS

ASPECT PHYSIQUE	CLIENTÈLE	FINANCES	ESSAIS ANTÉRIEURS

```
┌─────────────────────────────┐
│     RECHERCHE DES FAITS      │
│          PHASE 1 B           │
└─────────────────────────────┘
```

Consigne :

Pour chaque dimension, énumérez les faits quantifiables et observables qui aident à la compréhension générale du projet. Le relevé ne doit pas être exhaustif... visez le juste assez d'information *pour le comprendre.*

Exemple :

```
┌─────────────────────────────┐
│  SITUATION GLOBALE :         │
│  Comment arrêter             │
│  le vol dans mon             │
│      magasin ?               │
└─────────────────────────────┘
```

```
┌─────────────────────────────┐
│     RECHERCHE DES FAITS      │
└─────────────────────────────┘
```

DIMENSIONS

```
┌──────────┐ ┌──────────┐ ┌──────────┐
│  ASPECT  │ │ CLIENTÈLE│ │ FINANCES │
│ PHYSIQUE │ │          │ │          │
└──────────┘ └──────────┘ └──────────┘
```

ÉLÉMENTS D'INFORMATION

15 m sur 25 m	20 % = 40 ans et+	3 500 $/sem.	6 miroirs
32 étagères	60 % = étudiants	400 $ = salaires	1 surveillant
Coin tabac	20 % = passants	vol : 200 $/sem.	2 affiches
Cégep en face	classe moyenne	net : 300 $/sem.	sacs à
			l'entrée, etc.

EN PHASE 2

En complétant la liste des faits par d'autres, qualifiés de «farfelus», dûs à leur éloignement du projet, la phase deux marque les premiers jalons devant faciliter son éventuelle reformulation à l'aide de ces éléments discordants.

Il s'agit donc de compléter l'Univers des faits par le biais du farfelu. Ces derniers, puisqu'en relation analogique avec les dimensions, reflètent une saveur synecticienne. L'idée de cet ajout s'inspire également de *G.R.I.P.S.* alors que les personnages servent de liens au montage de projets. En suivant attentivement les consignes et les exemples d'application, nul doute que cette partie s'avérera moins confuse.

```
┌─────────────────────────────┐
│                             │
│    RECHERCHE DES FAITS      │
│    PHASE 2                  │
│                             │
└─────────────────────────────┘
```

Consigne:

À tour de rôle et pour chaque dimension, énumérez quatre à cinq éléments d'information qui, tout en étant en relation avec chacune d'elles, sont dits farfelus *parce qu'éloignés le plus possible de la réalité du projet.*

Pour chaque dimension, répondez à la question suivante:

•Quels sont les autres aspects – *aspect physique, clientèle, finances, essais antérieurs* – qui existent sur la terre?•

DIMENSIONS

ASPECT PHYSIQUE	CLIENTÈLE	FINANCES	ESSAIS ANTÉRIEURS

Exemples:

aréna	géant vert	loterie	réincarnation
cabine spatiale	pygmée	bingo	fusée
sous-marin	prisonnier	Monopoly™	pratique hockey
pyramide	barbu	trésor	monopole

RÉSUMÉ DES DEUX PREMIÈRES ÉTAPES :

SITUATION GLOBALE
Comment arrêter
le vol dans mon
magasin ?

DIMENSIONS

ASPECT PHYSIQUE	CLIENTÈLE	FINANCES	ESSAIS ANTÉRIEURS

FAITS OBJECTIFS : PHASE 1

15 m sur 25 m	20 % = 40 ans et+	3 500 $/sem.	6 miroirs
32 étagères	60 % = étudiants	400 $ = salaires	1 surveillant
Coin tabac	20 % = passants	vol : 200 $/sem.	2 affiches
Cégep en face	classe moyenne	net : 300 $/sem.	sacs à l'entrée, etc.

FAITS FARFELUS : PHASE 2

aréna	géant vert	loterie	réincarnation
cabine spatiale	pygmée	bingo	fusée
sous-marin	prisonnier	Monopoly™	pratique hockey
pyramide	barbu	trésor	monopole

```
• SITUATION GLOBALE

• RECHERCHE DES FAITS
  Phase 1 : dimensions, éléments d'information
  Phase 2 : éléments farfelus

• RECHERCHE DES PROJETS
```

```
RECHERCHE DES PROJETS
```

À la lumière des faits concrets et farfelus, la recherche des projets constitue un inventaire des multiples façons d'aborder le problème de la situation globale. Partant du principe que l'objectif du projet ne constitue qu'un point de départ, appelé à changer selon les faits et d'après leur interprétation, l'étape propose de percevoir cet objectif et de le reformuler sous d'autres angles d'attaque. Les éléments ‹farfelus› associés aux données servent de stimulants et d'inspiration pour dégager des voies nouvelles qui auraient été difficiles à imaginer sans leur contribution. L'insertion du farfelu comble les lacunes soulevées avec les autres méthodologies au moment où la logique est sollicitée en exclusivité à cette période importante de la consultation. Le procédé s'inspire des personnages de *G.R.I.P.S.*, supports essentiels au montage de projets.

Méthodologiquement, il s'agit de déterminer, en peu de mots et en employant à chaque fois la formulation ‹Comment faire...›, les autres façons de percevoir le projet initial en considérant chacune de ses dimensions. On remarquera dans l'application que les éléments farfelus ne sont pas tous utilisés systématiquement en vue de la reformulation du projet. Cette pratique alourdirait inutilement le temps consacré à l'étape. Il est préférable de choisir parmi ceux qui nous intéressent, selon les lois de l'intuition et du hasard.

La recherche de projets se termine par la sélection d'un projet parmi l'ensemble des problèmes à résoudre. Idéalement, la sélection devrait être motivée d'après le degré de satisfaction pressenti, l'originalité et l'indice de difficulté à relever. L'intuition constitue également un autre critère d'importance.

> • SITUATION GLOBALE
>
> • RECHERCHE DES FAITS
>   Phase 1: dimensions, éléments d'information
>   Phase 2: éléments farfelus
>
> • RECHERCHE DES PROJETS

> RECHERCHE DES PROJETS

Consigne:

Considérant la dimension ASPECT PHYSIQUE, quelles sont les autres façons de voir le projet?
    Exemples:
    – Comment diriger la circulation des clients?
    – Comment réaménager les étagères?

Consigne:

Considérant la dimension CLIENTÈLE, quelles sont les autres façons de voir le projet?
 Exemples:
 – Comment rajeunir la clientèle?
 – Comment vendre au cégep?

Consigne:

Considérant la dimension FINANCES, quelles sont les autres façons de voir le projet?
 Exemples:
 – Comment diminuer les inventaires?
 – Comment éviter la manipulation?

Consigne:

Considérant la dimension ESSAIS ANTÉRIEURS, quelles sont les autres façons de voir le projet?
 Exemples:
 – Comment encourager le sens civique?
 – Comment développer un système antivol?

Consigne:

Considérant l'élément farfelu SOUS-MARIN, quelles sont les autres façons de voir le projet?
 Exemples:
 – Comment organiser un coin lecture?
 – Comment utiliser l'entrepôt?

Consigne :

Considérant l'élément farfelu GÉANT VERT, quelles sont les autres façons de voir le projet ?
  Exemples :
  – Comment vendre au kilo ?
  – Comment s'adresser aux collectionneurs ?

Consigne :

Considérant l'élément farfelu MONOPOLY ™, quelles sont les autres façons de voir le projet ?
  Exemples :
  – Comment favoriser un service d'échanges ?
  – Comment développer un système de franchises ?

Consigne :

Considérant l'élément farfelu PRATIQUE HOCKEY, quelles sont les autres façons de voir le projet ?
  Exemples :
  – Comment vendre par abonnements ?
  – Comment robotiser les opérations ?

RÉSUMÉ DE LA RECHERCHE DE PROJETS :

1. Comment diriger la circulation des clients ?

2. Comment réaménager les étagères ?

3. Comment rajeunir la clientèle ?

4. Comment vendre au cégep ?

5. Comment diminuer les inventaires?

6. Comment éviter la manipulation?

7. Comment encourager le sens civique?

8. Comment développer un système anti-vol?

9. Comment organiser un coin lecture?

10. Comment utiliser l'entrepôt ?

11. Comment vendre à la livre?

12. Comment s'adresser aux collectionneurs?

13. Comment favoriser un service d'échanges?

14. Comment développer un système de franchises?

15. Comment vendre par abonnements?

16. Comment robotiscr les opérations, etc.?

Projet sélectionné :

– Comment vendre au kilo?

> • SITUATION GLOBALE
>
> • RECHERCHE DES FAITS
>   Phase 1 : dimensions, éléments d'information
>   Phase 2 : éléments farfelus
>
> • RECHERCHE DES PROJETS

> RECHERCHE DES IDÉES

La recherche des idées représente l'inventaire des idées, des moyens possibles ou des stratégies à envisager en relation avec le projet retenu.

La sous-étape des *idées casse-cou*, similaire à l'emploi des faits farfelus de l'étape précédente, sert de déclencheur à la poursuite de nouvelles approches (idées).

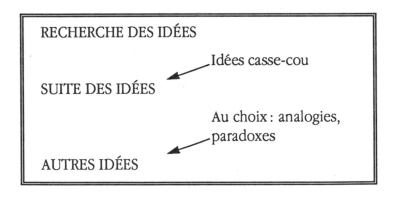

94

Comme son nom l'indique, la purge des idées enregistre les premières idées qui, souvent conventionnelles, surgissent au tout début de la consultation; l'expérience démontre que nous avons tous en mémoire des trucs, des stratégies qui, jadis, ont pu s'avérer efficaces pour résoudre un problème similaire. La tentation de reprendre ces idées passe-partout est souvent forte. Ou est-ce le réflexe automatique de la logique qui n'apprécie guère l'ambiguïté des premiers instants de la découverte? N'est-il pas étonnant de constater comment la raison cherche le plus rapidement possible à se départir d'un point d'interrogation et d'en finir au plus vite en cherchant l'idée salvatrice, la solution-miracle qui fera taire le malaise! Mais si la nouveauté, l'originalité et la flexibilité sont à cultiver, raison de plus d'éviter les pièges du déjà vu et la satisfaction factice des idées conventionnelles.

Bien qu'il ne soit pas exclu de découvrir de nouvelles idées en ce début d'étape, la «purge» nettoie la mémoire des idées ordinaires sinon préconçues et prépare la pensée à rechercher dans le plaisir la nouveauté.

Les idées casse-cou : il faut comprendre cette sousétape comme un mécanisme qui cultive l'erreur. Moment privilégié où, pendant quelques secondes, on s'accorde la liberté de penser à des idées tellement folles et illogiques que si elles devaient être mises en pratique, les conséquences en seraient désastreuses : perte d'emploi, faillite monumentale, etc. Les idées casse-cou déjouent, emmerdent et défient consciemment et allègrement les lois de la logique. N'est-ce pas fabuleux de voler au-dessus des paramètres du projet comparativement à se laisser contrôler exclusivement par eux? Qui mène la barque, le problème ou ma façon de penser?

Un dicton populaire dit qu'il faut apprendre de ses erreurs. L'idée casse-cou est définitivement une erreur, une erreur... délibérée et potentiellement salvatrice! «Que signifie telle idée (casse-cou) apparemment désarticulée, quel message en retirer, comment l'adapter (en tout ou en partie) à la réalité du problème? Quel processus nouveau une ou plusieurs de ces idées suggèrent-elles? Vers quelles stratégies doit-on maintenant orienter la recherche? Ces questions types émergent couramment lors du transfert, par association, des idées casse-cou en idées concrètes.

Les idées casse-cou se jouent des contraintes et du cadre psychologique du problème. Toutefois, dans un deuxième temps, les impératifs de la réalité surgissent à nouveau et il devient impérieux d'y revenir; sinon, outre le plaisir de dire des bêtises et de s'éloigner du problème, l'exercice ne rejoindrait pas tous ses objectifs de faisabilité au niveau des idées. C'est le genre d'argument que les opposants aux techniques de créativité emploient pour les mettre de côté. «À quoi sert de s'amuser et de niaiser si, par la suite, le problème demeure entier?» «Une perte de temps!» affirment d'autres, déçus d'avoir vécu un coït interrompu!

L'argument a du poids : le processus ne doit pas se limiter à la seule expression du farfelu. Contrairement au *Brainstorming* conventionnel qui laisse, seul, au subconscient le travail d'interpréter et de travailler les idées «étranges», la suite des idées casse-cou est un travail systématique d'adaptation des idées dans la réalité du problème. La référence au *Force Fit* de Synectique est évidente. À la différence qu'il s'est en quelque sorte démocratisé en favorisant (sans l'implication directe et constante de ·l'expert·, lorsqu'en groupe) une exploitation accrue de l'ensemble des idées casse-cou. L'expérience démontre qu'en procédant de la sorte, l'originalité et la flexibilité des points de vue sont sauvegardées tandis que le facteur de la fluidité est fortement accentué.

En somme, la première phase de la recherche des idées, avec la purge, ressemble au phénomène dc la pêche : tirer la ligne du côté gauche de l'embarcation et récolter une certaine quantité de prises. Très bien. Mais pourquoi ne pas changer ses appâts et diriger sa ligne à pêche du côté droit? Foi de pêcheur, je vous assure que les prises seront à tout coup plus nombreuses et plus originales! Les profits de cette pêche de l'autre côté de la barque apparaissent dans la ·suite des idées· momentanément interrompue par le temps consacré à changer les appâts (idées casse-cou). Traduit en autant d'idées concrètes, celles-ci justifieront d'emblée leur insertion dans la quête de nouvelles approches. À nous d'en profiter au maximum.

L'exemple que nous poursuivons saura, je l'espère, aider à mieux comprendre l'aspect théorique de la présentation. Après l'exercice, le lecteur désireux de confronter son problème sera invité à l'exposer dans un espace qui a été spécialement prévu à cet effet.

```
┌─────────────────────────────────┐
│  RECHERCHE DES IDÉES            │
│  Purge des premières idées      │
└─────────────────────────────────┘
```

PROJET SÉLECTIONNÉ
Comment vendre au kilo?

Consigne:

Considérant le projet tel que sélectionné, inscrivez les premières idées qui vous passent par la tête:

1. Vendre ·collections·

2. Vendre livres usagés

3. Principe du ·deux pour un·

4. Vente trottoir

5. Rabais substantiels pour clients réguliers

6. Publicité dans le journal étudiant

7. Commission aux vendeurs

8. Coin liquidation

9. Prix pour étudiants

```
┌─────────────────────────────────┐
│  RECHERCHE DES IDÉES            │
│  Purge des premières idées      │
└─────────────────────────────────┘
```

PROJET SÉLECTIONNÉ
Comment vendre au kilo?

Consigne:

Tenant compte du projet, songez aux idées les plus folles, les plus farfelues:

I.   Vendre les boîtes d'emballage

II. Placer les revues dans des comptoirs à bonbons

III. Peser les clients

IV. Un tracteur en vitrine

V.   Un service à l'auto

IDÉES CASSE-COU

Consigne:

Considérant l'idée casse-cou n° I, formulez d'autres idées.

IDÉE CASSE-COU N° I
Vendre des boîtes d'emballage

10. Sacs à surprise de revues

11. Nouvelle ligne de produits: les affiches

12. Établir un système de cueillette de vieux journaux en échange de neufs

*Si on adaptait l'idée casse-cou n° II à la réalité du pro-
blème, quelles nouvelles idées pourraient prendre forme?*

IDÉE CASSE-COU N° II
Revues : comptoir à bonbons

13. Revues en consigne au cégep

14. Plateau-mobile à la caisse, genre *deli-stick*

15. Comptoir «en vrac», genre «cherchez
l'aubaine», etc.

RÉSUMÉ DE LA RECHERCHE DES IDÉES :

1. Vendre «collections»

2. Vendre livres usagés

3. Principe du «deux pour un»

4. Vente trottoir

5. Rabais substantiels pour clients réguliers

6. Publicité dans le journal étudiant

7. Commission aux vendeurs

8. Coin liquidation

9. Prix pour étudiants, etc.

IDÉES CASSE-COU

– Vendre les boîtes d'emballage

– Placer les revues dans des comptoirs à bonbons, etc.

10. Sacs à surprise de revues

11. Nouvelle ligne de produits : les affiches

12. Établir un système de cueillette de vieux journaux en échange de neufs

13. Revues en consigne au cégep

14. Plateau-mobile à la caisse, genre *deli-stick*

15. Comptoir ‹en vrac›, genre ‹cherchez l'aubaine›, etc.

• EXERCICES PRATIQUES •

Passons maintenant à l'expérimentation : que le lecteur soumette son projet au processus de la résolution de problèmes!

```
┌─────────────────────────────┐
│   SITUATION GLOBALE         │
│   ───────────────────       │
│   ───────────────────       │
│   ───────────────────       │
└─────────────────────────────┘
```

```
┌─────────────────────────────┐
│   RECHERCHE DES FAITS       │
└─────────────────────────────┘
```

DIMENSIONS

```
┌───────┐  ┌───────┐  ┌───────┐  ┌───────┐
│ ───── │  │ ───── │  │ ───── │  │ ───── │
└───────┘  └───────┘  └───────┘  └───────┘
```

ÉLÉMENTS D'INFORMATION

____   ____   ____   ____

____   ____   ____   ____

____   ____   ____   ____

ÉLÉMENTS D'INFORMATION FARFELUS

____   ____   ____   ____

____   ____   ____   ____

____   ____   ____   ____

RECHERCHE DE PROJETS

Considérant la dimension_____, quelles sont les autres façons de voir le projet?

> Comment
> _____?

> Comment
> _____?

Considérant la dimension_____, quelles sont les autres façons de voir le projet?

> Comment
> _____?

> Comment
> _____?

Considérant la dimension_____, quelles sont les autres façons de voir le projet?

> Comment
> _____?

> Comment
> _____?

Considérant la dimension_____, quelles
sont les autres façons de voir le projet?

```
┌─────────────────────────────────┐
│            Comment              │
│  _____ ?     │
└─────────────────────────────────┘

┌─────────────────────────────────┐
│            Comment              │
│  _____ ?     │
└─────────────────────────────────┘
```

Considérant la dimension_____, quelles
sont les autres façons de voir le projet?

```
┌─────────────────────────────────┐
│            Comment              │
│  _____ ?     │
└─────────────────────────────────┘

┌─────────────────────────────────┐
│            Comment              │
│  _____ ?     │
└─────────────────────────────────┘
```

Considérant la dimension_____, quelles
sont les autres façons de voir le projet?

```
┌─────────────────────────────────┐
│            Comment              │
│  _____ ?     │
└─────────────────────────────────┘

┌─────────────────────────────────┐
│            Comment              │
│  _____ ?     │
└─────────────────────────────────┘
```

Considérant la dimension_____, quelles sont les autres façons de voir le projet?

> **Comment**
> _____ ?

> **Comment**
> _____ ?

Considérant la dimension_____, quelles sont les autres façons de voir le projet?

> **Comment**
> _____ ?

> **Comment**
> _____ ?

PROJET SÉLECTIONNÉ

Comment _____?

Consigne:

Considérant le projet sélectionné, quelles sont les premières idées qui vous passent par la tête?

1. _____

2. _____

3. _____

4. _____

5. _____

6. _____

7. _____

8. _____

9. _____

10. _____

```
┌─────────────────────────────┐
│  RECHERCHE DES IDÉES        │
│                             │
│  Idées casse-cou            │
└─────────────────────────────┘
```

PROJET SÉLECTIONNÉ

Comment _____?

Consigne :
Quelles sont les idées les plus farfelues auxquelles vous
pouvez songer pour résoudre le projet ?

1. _____

2. _____

3. _____

4. _____

Si on adaptait l'idée casse-cou n°1 au projet, à quelles
idées nouvelles songeriez-vous ?
(Bien numéroter les idées)

N° _____

N° _____

N° _____

N° _____

Quelles sont les idées nouvelles à dégager de l'idée casse-cou n° II ?

N° _____

N° _____

N° _____

N° _____

Quelles sont les idées nouvelles à dégager de l'idée casse-cou n° III ?

N° _____

N° _____

N° _____

N° _____

Quelles sont les idées nouvelles à dégager de l'idée casse-cou n° IV ?

N° _____

N° _____

N° _____

N° _____

Quelles sont les idées nouvelles à dégager de l'idée casse-cou n° V?

N° _____

N° _____

N° _____

N° _____

Félicitations! Vous avez réussi l'épreuve. Il ne reste qu'à vous délecter de vos nouvelles trouvailles et... de passer à l'action!

CHAPITRE IV :
AJOUTS MÉTHODOLOGIQUES POUR LECTEUR AVISÉ

L e but du présent chapitre consiste à illustrer comment varier la méthodologie apprise, en y ajoutant des étapes susceptibles de pousser plus à fond la recherche de nouvelles idées. Ne serait-il pas illusoire et contraire aux principes de base de penser que la créativité dépend d'une seule méthodologie? Il importe donc de connaître d'autres processus et d'apprendre à les maîtriser... graduellement; toutefois, il ne s'agit pas de juxtaposer les unes sur les autres, des étapes empruntées ailleurs, pour le plaisir de le faire, au contraire.

L'analogie, point central du processus synecticien, constitue l'ajout naturel, le compagnon idéal au processus entamé au chapitre précédent. Il suffit d'insérer au *Brainstorming* +, l'étape des analogies (Cf. tableau page suivante) pour composer une méthodologie variée, plus complète et plus subtile.

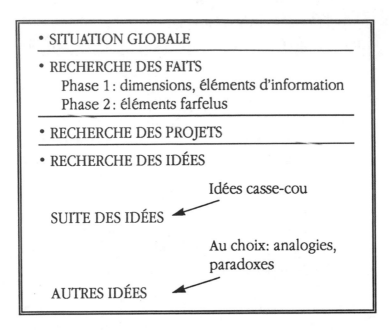

L'ajustement méthodologique qui s'impose ici concerne l'insertion des analogies. Voici comment il faut procéder :

APRÈS L'ÉTAPE DES IDÉES CASSE-COU, IL IMPORTE

1) de revenir à la sélection du projet;

2) d'en dégager l'expression ou le mot-clé qui le caractérise;

3) de répertorier, dans d'autres domaines différents, des exemples analogiques reliés au mot-clé (Cf. exercices sur les analogies);

4) d'actualiser le *Force Fit* (retour à la réalité) de la même façon qu'avec les idées casse-cou.

Exemple :

SÉLECTION DU PROJET :
Comment vulgariser la pratique méditative ?

Exemples (analogiques) de ‹vulgarisation› :

– en cuisine :
Menu table d'hôte

– en mécanique automobile :
Transmission automatique

– en informatique :
Ordinateur Macintosh

Les ‹menu table d'hôte, transmission automatique et ordinateur Macintosh›, issus des analogies, sont traités en *Force Fit* exactement comme le matériel des idées casse-cou. On remarquera que l'ajout analogique est simple et limité à une forme d'analogie seulement (analogie directe). Fait important : le *Force Fit* demeure aisé à maîtriser.

• APPROCHE ANALOGIQUE •

L'approche analogique : un dérivé de Synectique, une coloration *brainstormienne* et un emprunt à l'analyse défectuologique de Bernard Demory. Cette méthodologie est plus ardue et suppose un degré plus élevé de préparation. Elle est conseillée aux individus friands d'exploiter plus à fond le modèle analogique et de connaître d'autres processus les menant à une exploitation plus grande de leur potentiel.

113

Si on compare le *Brainstorming* + avec cette approche, on notera, outre la difficulté de manipuler analogies et paradoxes, la célérité avec laquelle les idées sont rapidement sollicitées par l'instantanéité du *Force Fit* : un court-circuit par rapport à la démarche du chapitre précédent, dirait-on! Un des buts de l'exercice étant d'illustrer comment il est possible de varier la procédure et, avec un minimum d'expérimentations, de concocter sa propre démarche.

Le tableau ci-dessous précise le cheminement des étapes :

APPROCHE ANALOGIQUE

La situation globale reste intacte. Même point de départ. Toutefois la méthode sera considérablement modifiée en y insérant l'analyse défectuologique qui remplace et combine les étapes de la recherche des faits et celle de la recherche des projets. Les analogies et les paradoxes sont de Synectique. L'appel systématique aux idées, omniprésent à chaque étape et s'alimentant de sources plus nombreuses, est un mélange de *Brainstorming* doublé d'éléments empruntés au *Force Fit.*

Tout au long de l'exposé, un autre problème à résoudre choisi dans un autre domaine servira de modèle. Comme au chapitre précédent, un espace au lecteur, lui permettant une pratique individuelle, a été prévu. Pour aider à la conception des paradoxes et des analogies, nous avons pensé joindre au modèle type de la démarche un glossaire à partir duquel le lecteur pourra éventuellement s'inspirer.

> ## SITUATION GLOBALE

Le point de départ est actualisé comme en *Brainstorming* + avec la situation globale (Cf. chapitre précédent).

Consigne:

Formulez dans l'espace réservé à cette fin votre projet ou problème à résoudre.

Exemple :

**COMMENT faire pour s'amuser pendant
les assemblées départementales ?**

> ANALYSE
> DÉFECTUOLOGIQUE

L'analyse défectuologique, comme son nom l'indique, représente un bref aperçu des contraintes, des aspects dits «négatifs» qui encadrent le projet de départ. Chaque fait répertorié peut être interprété comme un éventuel problème à résoudre. D'où l'enchaînement avec les idées, question de se débarrasser (Cf. Purge) de celles qu'on avait déjà en tête, en ce début de consultation.

Consigne :

Dans l'espace réservé à cette fin, indiquez par autant de faits pertinents ce qui ne fonctionne pas dans le problème : par exemple, les contraintes, les incohérences, les obstacles à surmonter, etc.

Exemple :

‹Tout le monde s'ennuie et perd son temps pendant ces réunions; elles provoquent l'agressivité... Je dois assister à au moins une réunion par semaine qui dure de trois à quatre heures et j'ai trop de travail... Personne ne se rend compte de l'inefficacité des méthodes de travail pendant l'assemblée... Animateur spécialisé, travail en plus petits groupes, réunions moins fréquentes, rien ne fonctionne...›

RECHERCHE DES IDÉES

Consigne :

Considérant l'ensemble des faits répertoriés dans l'analyse défectuologique, quelles sont vos idées pour résoudre le problème ?

Exemples :

1. Se confier au directeur du service

2. Boycotter les réunions

3. Se faire remplacer

4. Aviser le syndicat

5. Remplir un questionnaire d'appréciation

6. Inviter des personnes extérieures

7. Filmer les débats

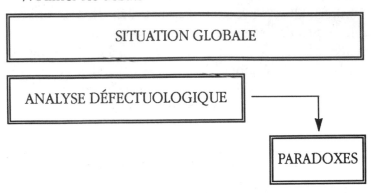

LES PARADOXES (initialement nommés ·Titres de Volume·, identifiant la forme de leur présentation plutôt que l'essence du processus)

Synectique justifie l'emploi des paradoxes par le principe du jeu des contraires d'où surgit bien souvent l'illumination; et lorsqu'ils sont comprimés (en deux mots, nom et qualificatif), leur force en est accrue. Encore faut-il que le paradoxe soit en relation directe ou pertinente avec les éléments importants du projet.

L'analyse défectuologique pointe du doigt les difficultés majeures et vraisemblablement les incohérences du problème. Elle sert donc, en même temps, de catalyseur pour l'étape des paradoxes.

Consigne :

Considérant le texte de l'analyse défectuologique, formulez trois paradoxes en vous servant d'un nom et d'un adjectif seulement.

Exemples :

Ennui vivifiant
Fréquence impromptue
Surcharge anémique

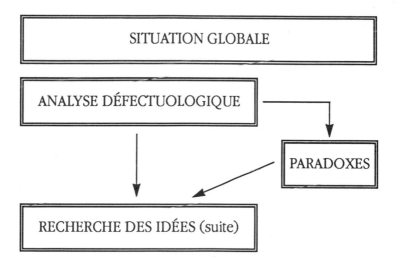

SITUATION GLOBALE

ANALYSE DÉFECTUOLOGIQUE

PARADOXES

RECHERCHE DES IDÉES (suite)

Consigne:

Considérant les données du projet, énumérez les idées qui viennent à l'esprit en vous inspirant de chacun des paradoxes.

Exemple :
Ennui vivifiant

8. Réunions éclair (45 minutes) le matin

9. Réunions sur vidéo

10. Animation à tour de rôle

11. Ordre du jour sur affiche

12. Prix à gagner

Autre exemple :
Fréquence impromptue

13. Consultations téléphoniques

14. Inverser les points à l'ordre du jour

15. Réunion à la cafétéria

16. Temps maximum pour chaque point à l'ordre du jour

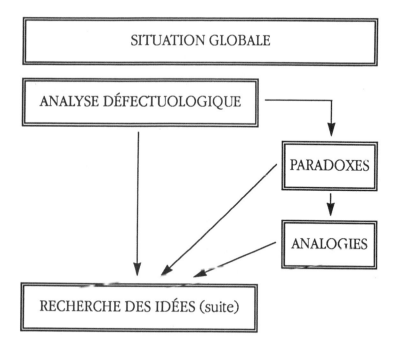

L'analogie telle qu'insérée dans le continuum méthodologique est un rapport de ressemblance entre le paradoxe et un autre objet (ou phénomène) choisi volontairement dans un domaine éloigné du problème à résoudre. Comme pour chaque paradoxe de l'étape antérieure, chaque analogie enclenche l'appel aux idées, rappelant techniquement le *Force Fit* synecticien.

Consigne:

Choisir un paradoxe parmi les trois formulés à l'étape précédente.

1. Ennui vivifiant

2. Fréquence impromptue

3. Surcharge anémique

Choix :

Surcharge anémique

Consigne:

Énumérez trois objets ou phénomènes qui ressemblent à une:

Surcharge anémique

Exemples :

Feux de Bengale
Montagnes russes
Champignons magiques

RECHERCHE DES IDÉES (suite)

Consigne:

À partir de chacune des analogies, trouvez d'autres idées pour résoudre le problème des assemblées départementales.

Exemple:

Feux de Bengale

17. Participation des étudiants aux réunions départementales

18. Points chauds en début

19. Ateliers sur recherches

20. Débats populaires sur points litigieux

Exemple:

Montagnes russes

21. Exercices physiques avant la réunion

22. Pondérer points à l'ordre du jour

23. Regrouper les membres selon thèmes astrologiques, etc.

Les espaces vides sont réservés au lecteur qui aimerait se faire la main. Bonne chance!

• EXERCICES PRATIQUES •

SITUATION GLOBALE

Comment _____?

ANALYSE DÉFECTUOLOGIQUE

_____

_____

_____

_____

RECHERCHE DES IDÉES

_____

_____

_____

_____

Consigne :

Considérant l'ensemble des faits répertoriés dans l'analyse défectuologique, quelles sont vos idées pour résoudre le problème ?

1. _____

2. _____

3. _____

4. _____

5. _____

6. _____

7. _____

PARADOXES

Consigne :

Considérant le texte de l'analyse défectuologique, formulez trois paradoxes (voir les pages suivantes) en vous servant d'un nom et d'un adjectif seulement.

1. _____

2. _____

3. _____

Choisissez au besoin les paradoxes parmi la liste
ci-dessous :

snobisme intelligent	actualité retardée
retard improvisé	improvisation parfaite
amateurisme rémunérateur	justice politisée
planeur aquatique	froid caniculaire
ketchup dijonnais	brossage énigmatique
solitude communautaire	anneau tranchant
sommeil ahurissant	suicide débonnaire
marginalité enfantine	conscience raciste
transmission universelle	horloge somnambule
intuition calculée	hélicoptère sous-marin
flamme sous-marine	naufrage désertique
sauf-conduit prohibé	chaleur frigorifiante
endettement précautionnel	encyclopédie amnésique
pantin autonome	science ignare
bordel religieux	alarme rassurante
plaisir rebutant	sensibilité stoïque
progressiste conservateur	parfum inodore
choix imposé	poison vital

faute pieuse	marbre visqueux
souvenir amnésique	granola chimique
larme sucrée	extincteur coupable
ombre éblouissante	multinationale artisanale
pauvreté embourgeoisée	nymphomane platonique
saleté aseptisée	passion détachée
concentration diffuse	originalité plagiée
sorcier scientifique	affirmation réservée
assimilation égarée	planification inconsciente
disgrâce favorisée	évaporation rassemblée
caféine sédative	ennui captivant
goutte torrentielle	éponge imperméable
néophyte professionnel	prolifération contrôlée
alchimie simpliste	lock-out attendu
ordre bi-directionnel	angoisse moqueuse
singerie distinguée	orgasme calculé
ovation taciturne	rigidité bondissante
rhume protéiné	immeuble amovible
indécision testamentaire	déviation dogmatique
anesthésie éternelle	espérance noire

empire démocratique

folie cartésienne

carnivore végétarien

hésitation frondeuse

vacarme chuchoté

averse parcimonieuse

blessure onctueuse

somnolence super active

souffle bi-directionnel

noyau périphérique

sauna frigorifique

chauve décoiffé

désert encombré

poussière oxygénée

pudeur désinvolte

passivité alerte

armature spongieuse

strangulation dilatatrice

éjaculation permanente

moustiquaire hivernal

carambolage orchestré

frottement graisseux

reflet transparent

colonne infidèle

barreau libérateur

lampadaire énigmatique

cigarette vitaminée, etc.

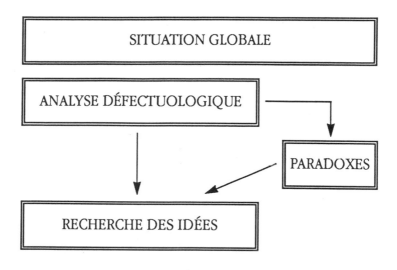

Consigne :

Énumérez les solutions possibles (idées) qui vous viennent à l'esprit en tenant compte de chacun des paradoxes.

PARADOXE n° I

_____

N°_____

N°_____

N°_____

N°_____

N°_____

PARADOXE n° II

_____

N°_____

N°_____

N°_____

N°_____

N°_____

PARADOXE n° III

_____

N°_____

N°_____

N°_____

N°_____

N°_____

```
┌─────────────────────────────────────────┐
│           SITUATION GLOBALE             │
└─────────────────────────────────────────┘

┌─────────────────────────────┐
│  ANALYSE DÉFECTUOLOGIQUE     │───────────┐
└─────────────────────────────┘           │
                                          ▼
                              ┌──────────────────┐
                              │    PARADOXES     │
                              └──────────────────┘
                                          │
                                          ▼
                              ┌──────────────────┐
                              │    ANALOGIES     │
                              └──────────────────┘

┌─────────────────────────────────────────┐
│      RECHERCHE DES IDÉES (suite)        │
└─────────────────────────────────────────┘
```

Consigne :

Choisissez un paradoxe parmi les trois antérieurement retenus.

_____

Identifiez trois phénomènes ou objets (voir les pages suivantes) qui s'apparentent le plus avec le paradoxe choisi.

_____

_____

_____

Inspirez-vous au besoin des objets ou phénomènes de la liste suivante:

abaisse	fleur
dérailleur	foie
déversoir	forage
estomac	forgeron
eau-de-vie	fosse marine
échasse	fourmi
escabeau	fromagerie
étoile de mer	gardien de buts
étui	gare
évacuateur	gélatine
évier	genou
exploration	girafe
faucheuse	goéland
fauteuil	golf
feux de circulation	griffe
filet	grille-pain
fixations	grillon
flatulences	grimace

grincheux	lion
grisonner	lime
groseille	lion
grossiste	locomotive
grotte	loup
hélicoptère	lumière
horloge	lunette
hyène	lustre
indélébile	main
iris	malaria
juge	mars
Jupiter	marteau
lait	martyre
laitue	mer
lama	mercure
lanceur	morue
lavabo	motoneige
leurre	mouette
libellule	nacelle
lièvre	navet

navire

nerf optique

nez

nombril

nuque

océan

œil

œsophage

oreille

os

oseille

otarie

ouate

paillasson

pain

palourde

pancréas

panneau

panthère

parcomètre

patin

patinoire

paupière

pelure

pendentif

pénicilline

pénis

pensée

pépin

perceuse

percolateur

perle

perron

perroquet

perruque

persil

pharmacie

phoque

pied

pieuvre

pin	ressac
pince	ressource
pinceau	rétine
placard	retouche
plage	revenu
planche	rhinocéros
plomb	rideau
pomme	rondelle
poumon	rotor
pylône	sardine
quai	Saturne
rabot	saule
raffinerie	séparateur
raie	sofa
raquette	soie
rat musqué	solfège
réacteur	sommation
rein	sonnet
requin	sosie
réservoir	sous-marin

store

téléscope

téléviseur

tennis

thé

thon

tipi

tirelire

tisane

tison

toile

trompette

turbine

usine

vessie

vison

voilier

wagon

zoo

zoom

```
┌─────────────────────────────────────────────┐
│  SITUATION GLOBALE                           │
└─────────────────────────────────────────────┘

┌──────────────────────────────────┐
│  ANALYSE DÉFECTUOLOGIQUE          │─────────┐
└──────────────────────────────────┘         │
                                             ▼
                                    ┌──────────────────┐
                                    │  PARADOXES       │
                                    └──────────────────┘
                                             │
                                             ▼
                                    ┌──────────────────┐
                                    │  ANALOGIES       │
                                    └──────────────────┘

┌──────────────────────────────────┐
│  RECHERCHE DES IDÉES (suite)      │
└──────────────────────────────────┘
```

Consigne:

À partir de chacune des analogies, trouvez d'autres idées pour résoudre le problème.

ANALOGIE n° I

_____

N°_____

N°_____

N°_____

N°_____

ANALOGIE n° II

N° _____

N° _____

N° _____

N° _____

ANALOGIE n° III

N° _____

N° _____

N° _____

N° _____

• ÉVALUATION •

La consultation tire à sa fin et déjà plusieurs idées ont noirci le tableau de l'animateur. Que faire avec elles? Avant de répondre à cette question, il importe de rappeler le contexte de la réunion. Celle-ci visait comme objectif, la consultation des membres (personnes-ressources) à partir d'un projet ou d'un problème à résoudre; la composition et la sélection des participants ayant également respecté les critères d'hétérogénéité et d'intérêt (participation volontaire). Dans ce contexte, la réponse est simple : remercions tous et chacun de leur participation et que le responsable (ou les responsables) du projet (expert) se retire et procède à son évaluation personnelle! Ce qui ne lui enlève en rien la responsabilité de rendre compte aux autres du suivi de l'évaluation... Quant à la consultation, l'objectif est atteint.

D'après mon expérience, il est faux de prétendre qu'un problème à résoudre est l'apanage d'une collectivité; dans la pratique, seulement quelques personnes sont engagées dircctement dans le processus de l'évaluation et de la prise de décision. À quoi bon alors, pendant la consultation, engager d'office tous et chacun dans l'évaluation quand ces derniers ne sont même pas concernés par elle? Cette façon de faire risque de bouleverser les habitudes de travail du gestionnaire puisqu'il axe habituellement la réunion sur la prise de décision plutôt que sur l'idéation. D'un autre côté, s'il est soucieux de canaliser les énergies et le potentiel créatif de ses répondants, il possédera un outil puissant, taillé sur mesure, pour atteindre ses objectifs. Dans le cas qui nous intéresse, il s'agit de consulter, et non d'évaluer; c'est la raison pour laquelle la réunion emprunte des outils de travail conformes à son objectif premier. Il serait donc illusoire, le fait d'inverser le processus, de s'attendre au même déroulement. Parmi l'exception, le mandat d'un projet est confié en totalité à un groupe. Dans un tel cas, la grille d'évaluation du *Brainstorming*, avec les modifications qui s'imposent, devient un outil intéressant.

Le *Brainstorming* conventionnel propose une grille comme outil d'évaluation. Personnellement, j'ai appris à m'en passer: quand une idée extraordinaire surgit et que les poils me retroussent de partout, je sais. Point besoin de grille. Par contre, elle peut être utile comme outil de

GRILLE D'ÉVALUATION

Idées Ex. : AUTOS	CRITÈRES (3)** ACHAT $	(2)** SERVICE	(2)** CONFORT	(1)** MOTEUR	TOTAL
Ex. : 2, 4, 5	(3 x 3) +	(2 x 2) +	(2 x 2) +	(3 x 1)	= 20
Ex. : 21-7	(1 x 3) +	(1 x 2) +	(3 x 2) +	(2 x 1)	= 13
	(x) +	(x) +	(x) +	(x)	=
	(x) +	(x) +	(x) +	(x)	=
	(x) +	(x) +	(x) +	(x)	=

* Pondération simple   (1) bon   (2) très bon   (3) excellent

** Double pondération   (1) bon   (2) très bon   (3) excellent

réflexion et d'analyse des idées comme dans les cas d'exception où, en situation de travail en groupe, ce dernier est confronté avec cette réalité d'évaluer, de prendre position. Voici donc comment elle fonctionne.

Vous êtes sur le point d'acheter une automobile; plusieurs modèles vous intéressent et vous devez faire un choix parmi toute une panoplie de voitures. Logiquement, le choix sera fixé d'après des critères tels que : le prix d'achat, le service après-vente, la garantie du manufacturier, la valeur (escomptée) de revente du véhicule, le confort, les performances du moteur, etc.

Le processus d'évaluation suit le même cheminement : le *Brainstorming* conventionnel propose une grille d'analyse mesurant la pertinence des idées en tenant compte de critères soigneusement établis (eu égard au problème à résoudre).

La valeur relative de l'idée, confrontée aux critères, est établie selon une pondération (1=bon; 2=très bon; 3=excellent). En outre, au lieu d'évaluer une à une toutes les idées, tâche assez fastidieuse quand il en existe plusieurs, il est recommandé de regrouper celles qui se ressemblent et de les évaluer en bloc (Cf. tableau à la page précédente).

Peut-être aussi que le ·service après-vente· est plus important que la ·valeur de revente· ou que le ·prix d'achat· est un facteur prédominant? La double pondération est alors appliquée aux critères dans l'éventualité d'écarts trop prononcés. Dans ce cas, il s'agit de multiplier la cote (1,2,3) de l'idée à la pondération octroyée au critère (1,2,3), comme dans l'exemple du tableau «Grille d'évaluation».

Ce système fait ressortir les forces et les faiblesses des idées : compris dans cet optique, le chercheur pourra mieux orienter son travail d'amélioration des idées. Il serait par contre dangereux de s'y fier aveuglément. Car bien souvent les idées les plus «ordinaires» bénéficient d'une meilleure évaluation, comparativement au sort réservé aux idées plus originales. Donc, attention à la détermination des critères; plus ils seront conventionnels, plus ils favoriseront des idées du même acabit. Vaut mieux améliorer une idée originale pour qu'elle se conforme davantage aux critères que de choisir une idée stéréotypée. D'où l'expression de certaines réserves quant à l'infaillibilité du mécanisme...

L'évaluation est davantage utile lorsqu'un choix s'impose parmi plusieurs idées, plusieurs priorités ou plusieurs problèmes à résoudre : une situation que l'on retrouve fréquemment en animation de groupes. Sans passer nécessairement par la grille, l'évaluation, avec la pondération simple des items (1-2-3), une fois regroupés, favorisera une sélection plus rapide, moins «personnalisée» et plus «objective».

• RÔLES ET ORGANISATION PHYSIQUE DES LIEUX •

Les techniques de créativité s'adressent à l'individu comme aux groupes de travail. Autant pour l'un que pour l'autre, les principes de base, comme la procédure à suivre, restent pareils. Toutefois, certains ajustements doivent se faire tenant compte de l'importance du groupe, des rôles et de l'organisation physique des lieux.

142

Sans prétendre couvrir toutes les situations, je décrirai un certain nombre de constantes, applicables à toutes les méthodologies de créativité exercées en groupes. Voici les plus importantes :

LES RÔLES : LEADER, EXPERT, PARTICIPANT

Le terme ‹leader›, on s'en étonnera guère, origine des techniques américaines. Traduit en québécois, le terme de ‹meneur de jeu› serait plus juste étant donné la responsabilité méthodologique qui lui est attribuée, en exclusivité. Pour les mêmes raisons, le terme d'‹expert› doit être perçu comme le responsable du projet et non comme un super-spécialiste. Il serait plus adéquat d'identifier le participant des techniques américaines à une personne-ressource prêtant son concours à la consultation... ou au ‹naïf› comme les Européens aiment le nommer.

LE LEADER
en tant que responsable de la méthodologie doit :

– inscrire au tableau d'affichage toutes les idées des participants, sans les évaluer ni les déformer.

– annoncer clairement, en les inscrivant au tableau, chacune des étapes de la méthodologie.

– veiller au rythme de la consultation : pointer du doigt ou hocher de la tête pour assurer l'ordre dans les interventions, représentent autant de moyens simples et concrets pour contrôler le rythme.

– formuler des consignes claires et précises.

Le lecteur s'inspirera des nombreux exemples de consignes aux chapitres méthodologiques. En voici une autre pour faciliter le changement d'étape : «Si vous n'avez pas d'autres idées, nous allons entamer...» Cette consigne permet au leader d'annoncer son intention de passer à une autre étape sans frustrer le participant qui aurait une idée à communiquer. L'inverse serait d'exprimer son intention par un «Est-ce que vous avez d'autres idées?» en espérant l'effet contraire!

Pour relancer le groupe :

– relire les idées déjà exprimées;

– répéter lentement la consigne;

– inviter le groupe à travailler un matériel non exploité;

– l'inviter à émettre des idées casse-cou. Autant que possible, ne jamais émettre d'idées personnelles concernant le contenu : l'effet de direction et de contrôle pourrait être ressenti. Mieux vaut s'acquitter pleinement de sa tâche et de s'y concentrer en faisant confiance aux ressources du groupe.

L'EXPERT
ou le responsable du projet :

– prépare le contenu de la consultation en identifiant son point de départ (situation globale).

– structure et précise l'information (recherche des faits). Il est recommandé que la préparation se fasse avec la participation du leader (question d'adaptation à la méthodologie) en dehors du temps consacré à la consultation pour éviter une perte de temps inutile.

– pendant la consultation, il oriente le groupe avec la sélection du projet.

– joue le rôle de participant pour les autres moments de la consultation.

LE PARTICIPANT
ou la personne-ressource :

– est à l'écoute de l'expert;

– cherche continuellement à établir de nouveaux liens, de nouvelles associations;

– construit sur les idées des autres participants.

L'ORGANISATION PHYSIQUE DES LIEUX :

Pour un groupe de 7 à 10 membres, il est préférable de disposer en demi-lune, les sièges des participants, en évitant tout ameublement lourd (genre bureau de professeur) qui bloquerait inutilement l'ère de travail du leader en contact étroit avec les participants. Ces derniers sont munis de blocs-notes individuels et du matériel nécessaire pour écrire ; une table à café suffit amplement pour y déposer cafés et blocs-notes. Les murs doivent être équipés d'au moins quatre à cinq calepins géants (*flip chart*) sur lesquels seront inscrites les idées.

B âtissons un prémontoire haut de 20 mètres. Obligeons le gestionnaire de demain à escalader les marches de sa potence et à se lancer dans le vide pour récupérer, située à quelques pieds de lui, la corde salvatrice, l'unique porte de sortie de son perchoir. Prisonnier de l'épreuve, celui-ci n'aura d'autre alternative que de sauter : ·J'aurais l'air de quoi si, terrifié par la peur, j'avais à être récupéré par la grue ? Que penseraient de moi mes supérieurs ? Et mes chances d'avancement ? Ne pas s'évanouir, faire confiance au dispositif de sécurité, ne pas regarder en bas et sauter... coûte que coûte.· Parce qu'il n'a pas véritablement le choix, pour impressionner les autres et protéger son ego, il saute. Affichée ostensiblement sur les murs de l'entreprise, une plaque commémorative lui rappelera, pour toujours, son haut fait d'armes! Voilà où nous en sommes : une gestion axée sur le courage et la détermination, à défaut de changer de mentalité. Une telle philosophie de meneurs d'hommes (sic) ne recèle-t-elle pas des valeurs proches du samouraï, voué corps et âme aux destinées de l'employeur ?

Est-ce bien la voie à suivre ? Pour moi, la question est de déterminer lequel je choisirais comme collaborateur : celui qui saute ou l'autre qui, par choix, refuse l'épreuve ?

La plupart des individus, à savoir les 99 p. cent engagés dans mes stages de formation en créativité, sont fondamentalement ·normaux·. La formation qui leur est destinée se limite à utiliser, au maximum, leur potentiel énergétique, par le biais aussi, d'une prise de conscience et des multiples processus aptes à établir l'équilibre entre les deux hémisphères cérébraux.

La créativité ne s'adresse pas exclusivement au 1 p. cent de la population, pas plus qu'aux seuls gestionnaires. Elle concerne tout le monde. Non plus qu'il soit nécessaire de déprogrammer, de psychanalyser ou de former par l'épreuve les futurs candidats à la créativité.

Dans l'introduction de cet ouvrage, nous nous sommes engagés sur le terrain de la méditation, perçue comme voie par excellence de la consultation intérieure. Certes, il aurait été plus sage d'aborder la pratique méditative en fins de chapitres ou de noyer le sujet en quelqu'autre endroit. L'invite au questionnement spirituel risque, paraît-il, d'entacher le sérieux et la crédibilité professionnelle de l'auteur, j'en suis conscient. Mais que le lecteur se rassure : je ne fais partie d'aucune secte et ne cherche à convertir personne. Par contre, j'estime que le principe de la consultation, sous toutes ses formes, constitue une réflexion primordiale dans le développement de la créativité et qu'il mérite d'être dit simplement, ouvertement et sans fausse pudeur. Quitte à subir les contrecoups de la critique.

Qu'est-ce que la créativité ? Au risque d'en étonner plusieurs, je l'ignore. Je sais qu'il existe des mécanismes, des attitudes, des environnements physique et psychologique, des processus de pensée qui, systématisés dans la pratique, développent l'intuition et le potentiel de créativité; ce dernier se mesurant par les critères de fluidité, d'originalité, de flexibilité et d'élaboration.

La recherche en créativité et le scénario des ouvrages spécialisés commencent dangereusement à se répéter. Scénario qui, immanquablement, propose l'apologie *primo*, des obstacles (toujours les mêmes), *secundo*, des facteurs et des traits de personnalité et *tertio*, des méthodes, celles qui influent sur le processus créateur. Lorsque je commençai à enseigner des méthodes visant à développer le potentiel de la créativité, la formation aux techniques ressemblait plus à un entraînement de cheval de course, convaincu étais-je, du bien-fondé de suivre à la lettre le mode d'emploi. Aujourd'hui, je fais la distinction entre l'esprit et la méthode. Plusieurs méditent sans mantra comme plusieurs individus font preuve d'un indice de créativité élevé sans pour autant connaître de méthode précise. Autrement dit, les techniques sont secondaires pour la personne manifestant un minimum d'ouverture d'esprit. Pour les autres, et je m'inscris dans cette majorité, les techniques offrent le support nécessaire pour sortir des ornières du mental raisonnant; qu'importe si, pour un individu, prendre une marche lui est plus profitable que de produire des analogies.

Au-delà des méthodes et techniques, j'intuitionne, depuis un bon moment, l'existence d'habiletés et de dimensions moins physiques et plus subtiles, à partir desquelles, la créativité revêt un sens particulier : le développement de la conscience. Ouvrir les yeux, s'ouvrir au monde de l'invisible, déployer ses antennes et capter l'énergie... à l'image des premiers auteurs des méthodes de créativité qui, à la suite de l'observation des génies et des groupes créateurs, ont isolé un certain nombre de mécanismes opérationnels. Telles sont à mon avis les prochaines avenues de la recherche en créativité, celles qui conduisent à une plus grande conscience.

En se développant, celle-ci devient plus subtile et s'éloigne peu à peu du monde visible. «I can't see, I can't see», clamait un des membres des *Three Stooges*, dans un vieux film d'époque. «Open your eyes, stupid» lui répond son interlocuteur... Une étudiante demanda un jour à une clairvoyante comment elle pouvait supporter de voir continuellement les auras; à son tour, cette dernière lui demanda comment, elle, pouvait supporter le fait d'être aveugle...

À leur plus simple expression les techniques de créativité font appel aux principes de l'association; de même qu'au plan spirituel, la consultation intérieure est à la base de toutes les pratiques méditatives. Ma contribution méthodologique consiste à vulgariser (dans le sens de propager) une structure de créativité souple et résolument accessible qui tient compte de ces deux dimensions. En proposant au lecteur une telle démarche, je l'encourage, à partir d'une certaine base, à explorer, à expérimenter et à approfondir toute autre forme ou processus susceptible d'améliorer sa créativité et son évolution personnelle. Je lui propose donc une gymnastique douce qui fait prendre conscience de la santé; une méthodologie sans heurts qui fait prendre conscience du processus de créativité. Au-delà des techniques connues, la méditation, l'interprétation des rêves, l'étude de l'Histoire et de la Tradition en Orient comme en Occident, l'astrologie, la morphopsychologie, le toucher thérapeutique et j'en passe, constituent autant de domaines d'investigation intéressants pour le chercheur. N'appartient-il pas, à nous, à vous, de poursuivre la démarche?...

Un exemple parmi d'autres? Récupérons un vieux jeu de tarot, brassons les cartes, disposons-les selon le schéma d'interprétation abrégée (22 arcanes majeurs) du tarot, couplé aux étapes d'un *Brainstorming* conventionnel, comme ceci:

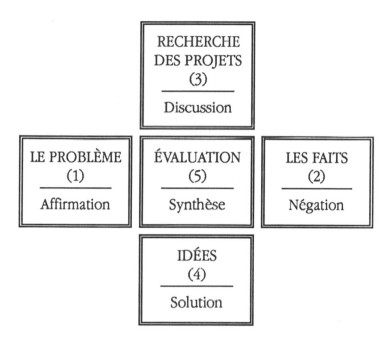

Étonnant, n'est-ce pas, de constater jusqu'à quel point la structure abrégée du tarot correspond à celle, quoique simplifiée, de la résolution de problèmes?

Le milieu du travail dénombre et des individus et des groupes. L'objectif souhaitable serait d'harmoniser les deux entités dans un même élan de créativité. Il est certain que l'objectif ne pourra jamais être atteint si on ne prévoit pas, au préalable, un système de concertation qui rejoint conjointement et l'individu et les groupes de tâches. On l'a vu. Développer la créativité individuelle sans tenir compte de la consultation intérieure équivaut à vouloir doter l'entreprise d'une structure de créativité sans mécanismes de consultation. Appliquée de façon individuelle, la consultation fait corps avec la méditation; orchestrée dans une structure de travail, elle engendre la concertation.

L'hypothèse de considérer les comités de gestion comme premiers jalons du système de concertation a été avancée. L'idée est simple et facilement applicable à court terme avec un minimum de formation. Par contre, l'intégration et le suivi de tous ces comités, naturellement et physiquement éparpillés, sont loin d'être assurés et s'avéreraient pratiquement irréalisables si on ne pouvait compter sur une innovation technologique d'importance : l'informatique.

• UN SYSTÈME DE CONCERTATION INFORMATISÉ, UNE HYPOTHÈSE À CONSIDÉRER •

Imaginons :

1. Benoit est confronté avec un problème à résoudre : un problème de comptabilité. Installé à son bureau, il cogite. Il se tourne vers son terminal, insère la disquette «Créativité et Résolution de problèmes», exécute un exercice d'assouplissement que le programme lui propose puis, enregistre les données de son problème. Il s'arrête là.

2. Marie-Catherine, relationniste, dont le bureau est à mille lieues tant physiques que psychologiques de celui

de Benoit, (elle ne le connaît même pas!) ouvre à son tour son terminal : le problème de Benoit lui est présenté, elle réfléchit deux secondes, deux analogies, une association, et hop!, trouve cinq autres façons de poser le problème et propose dix idées. Voilà!

3. Dans la planification des points à l'ordre du jour (nouvelle formule), au comité des ·services à la clientèle·, Geneviève passe en revue tous les problèmes à résoudre catalogués comme ·prioritaires· et ·difficiles· et répertoriés au logiciel de l'entreprise : elle pressent que son groupe, pour les 10 minutes consacrées à d'autres préoccupations (problèmes à résoudre) que les leurs, serait d'attaque pour traiter du problème de Benoit.

4. Louis se définit comme un ·patenteux·: l'autre jour, en effectuant son travail, il imagina qu'en fabriquant une sorte de trappe à souris, les gaz d'échappement pourraient être mieux contrôlés. Il enregistra l'idée en prenant soin de bien identifier ses coordonnées à la case appropriée au programme informatisé.

Cet exemple illustre en quatre points le Système Informatisé de Gestion des Idées (S.I.G.I.) sur lequel la firme Groupe Créativité concentre ses recherches. Comme on a pu le voir, Benoit (1) dispose d'un logiciel le guidant dans les phases importantes de la résolution d'un problème. Le support est individuel. Par contre, Benoit peut faire appel aux autres services de l'entreprise, histoire d'accumuler points de vue et idées différentes.

Marie-Catherine (2), tout comme Benoit, fait partie du réseau et l'utilise fréquemment. Pourquoi? Parce qu'ayant déjà bénéficié positivement de «l'appel à tous», elle a su profiter de l'hétérogénéité des points de vue dans son cheminement personnel. De nature curieuse, elle s'intéresse à tout ce qui se passe dans son environnement; pour le jeu, les défis proposés, pour se changer les idées.

Le même principe s'applique aux différents comités de gestion (3): il suffit d'enregistrer dans une banque de données tout projet susceptible d'être traité par les multiples comités de l'entreprise. Celui-ci peut être soumis, soit à titre d'exercice préparatoire ou, soit comme point précis à l'ordre du jour d'une éventuelle réunion.

Autre mécanisme que tous connaissent : la «boîte à suggestions» (4). Le fait d'intégrer au réseau ce mécanisme, lui confère une légitimité et un sérieux qui lui manquent habituellement. Bien intégrée, encouragée par des incitatifs financiers (ou autres), publicisée dans le journal de l'entreprise, la boîte à suggestions, ouverte à tous, s'avère un outil efficace dans l'opération cueillette d'idées ou de projets.

Un logiciel de résolution de problèmes et de créativité, est-ce concevable? «Les sceptiques seront confondus!» car depuis quelques années, les Américains ont déjà commercialisé plusieurs de ces logiciels : la chose est donc possible. Reste à offrir un produit supérieur et francisé!

Chaque fois qu'un chef d'entreprise s'enquiert de mes services pour animer une session devant aboutir (nécessairement!) à la découverte d'un nouveau produit, je

154

l'invite à réfléchir et à prendre conscience d'un tout autre problème : celui de la créativité dans son entreprise. Comme si le fait de parachuter un spécialiste et d'appliquer une technique, le miracle de la découverte s'enclencherait automatiquement : session «casse-gueule» s'il en est une! Il m'arrive parfois d'animer des sessions de ce type mais non sans avoir rencontré, au préalable, les responsables en deux ou trois occasions et préparé minutieusement mon intervention. Réflexion faite, mieux vaut investir dans une session de formation avec effets durables que de miser sur un spécialiste chaque fois qu'un problème se pointe à l'horizon; comme le suggère le proverbe chinois : «Il est préférable d'enseigner comment pêcher le poisson...»

Quoiqu'il en soit, une telle demande est significative et cache, bien souvent, l'inaptitude de l'organisation à gérer ses propres ressources. Problème qui ne se règle pas en une session de créativité. Problème d'importance majeure dont le gestionnaire fait partie : il s'attend à ce que les autres soient créatifs tandis que lui, administre. «Une session de créativité ? D'accord... mais pour les autres!» Dissocié du processus de formation, ses interventions ultérieures ne risquent-elles pas de balayer, du revers de la main, l'effort de prise en charge de ses répondants?

L'implantation d'un système tel le S.I.G.I. repose fondamentalement sur deux principes d'égale importance : *primo*, l'appui des gestionnaires et *secundo*, un plan de formation adéquat. Cette réflexion est importante; sinon, on risque de perdre inutilement temps et argent.

J'ignore si je fais fausse route en affirmant que les idées les plus géniales sont la plupart du temps d'une simplicité étonnante. Mon approche de la formation suit le même principe : simplicité et efficacité. J'estime que toute personne œuvrant dans un milieu de travail devrait avoir accès à un minimum de formation en créativité quant à la méthodologie, aux principes et aux attitudes de base. Temps requis pour cette intervention ? Une demi-journée. Pour ceux et celles qui, soit sur une base volontaire, ou parce qu'inhérents à leurs fonctions (animation, responsables de comités, chefs de service...), s'inscrivent à une formation plus poussée, un stage de deux à trois jours intensifs, couplé d'un suivi de deux à trois mois, est amplement suffisant.

Un programme informatisé de créativité, pris isolément, est très limité car si personne ne sait lire le mode d'emploi, à quoi pourrait-il bien servir ? En dernière analyse, on ne saurait trop insister sur le volet ‹formatif›, celui qui rejoint et intègre tous les membres de l'organisation à partir d'un objectif commun : le développement de la créativité.

Une affiche à la porte du bureau de Benoit, le comptable :

‹Prière de ne pas déranger, je médite.›

AUM... AUM... AUM... AUM... AUM... AUM... AUM... AUM... AUM... AUM... AUM...

BIBLIOGRAPHIE

La créativité dans l'entreprise, Guy Aznar, Les éditions d'organisation, 1975.

Vers une nouvelle forme d'intelligence, Jean Bouchart d'Orval, Louise Courteau éditrice, 1989.

Hands of light, Ann Barbara Brennan, Bantam Books, 1987.

Du management à l'écogestion, Gilles Charest, Louise Courteau éditrice, 1988.

Guide pratique du Brainstorming+, Paul Cusson, Groupe Créativité, 1972. (épuisé)

Au service de la créativité dans l'entreprise: la pensée latérale, Edward De Bono, Entreprise Moderne d'Édition, 1973.

Créativité?, Créativité..., Créativité!, Bernard Demory, Éditions Agence d'Arc Inc., 1990.

Les métamorphoses dans l'ère du Verseau, J.M. Eascott et N. Magor, Éditions Le Hiérarch, 1990.

Apprenez à devenir la force créatrice de votre vie, Robert Fritz, Libre Expression, 1991.

Techniques de visualisation créatrice, Shakti Gawain, Éditions Soleil, 1989.

Synectic's: the development of creative capacity, W.J.J. Gordon, Collier Book, 1961.

Créativité et pédagogie ouverte, A. Paré, 3 volumes, Éditions NHP, 1977.

Creative behavior guidebook, S.J. Parnes, Harper and Row, 1968.

The practice of creativity, George M. Prince, Collier Book, 1970.

Le développement de la personne, Carl Rogers, Dunod, 1965.

Créatif de choc, R. Von Oech, Albin Michel, 1986.